eビジネス新書
No.343

週刊東洋経済

クスリの罠
医療の

JN036162

週刊東洋経済 eビジネス新書 No.343

クスリの罠・医療の闇

本書は、東洋経済新報社刊『週刊東洋経済』2020年2月15日号より抜粋、加筆修正のうえ制作しています。情報は底本編集当時のものです。(標準読了時間 90分)

クスリの罠・医療の闇　目次

・必要性が疑われる医療は多い　その医療は必要ですか……1
・受けたくないムダな医療50……3
・抗菌剤が効かない耐性菌の脅威……24
・効果よりも副作用が怖い　飲んではいけない薬……28
・高齢者への安易な処方で認知症患者が数十万人……35
・薬害に腰の重い厚生労働省……48
・病床を埋めるのが最優先　量産されるムダな入院……50
・気づけば「透析漬け」に　人工透析天国ニッポン……58
・検診を信じていたのに　がん見逃し誤診に要注意……63
・生存率の低い膵臓がんに光……75
・自由診療で「やりたい放題」　民間がん免疫療法の真相……80
・INTERVIEW　患者は正しい情報の収集を（若尾文彦）……94

・【ルポ】理由なき4年間の強制入院　42歳女性が味わった地獄……96
・INTERVIEW　身体拘束の最小化を目指す（齋藤正彦）……107

必要性が疑われる医療は多い

その医療は必要ですか

医療経済ジャーナリスト・室井一辰

患者にとって、役に立つ医療とは何か。現在行われている医療は、本当にエビデンス（科学的根拠）があるのだろうか。

こうした問題意識の下、「チュージング・ワイズリー（Choosing Wisely：賢い選択）」という運動が米国で広がっている。検査、投薬、手術、看護など医療の各分野で、本当にそのやり方は正しいのかを客観的・科学的に判断し、ムダな医療を減らそうとする社会的なキャンペーンだ。２０１２年に始まり、今や北米から欧州、南米、アジア・オセアニアにまで広がる。

とくに米国では医療界に浸透し、その見解が尊重されるようになっている。浸透したのは、米国の専門医が集まるそれぞれの医学会が率先して活動を進めたためだ。

医師の専門資格を認定する米国内科専門医認定機構（ＡＢＩＭ）の下部組織で、医療の効率化施策を進める「ＡＢＩＭ財団」が中心となり、がん、循環器、整形外科、小児科、産婦人科、精神医学、眼科、耳鼻咽喉科などの主な医学会が、必要性の疑われる医療のリストを次々と公開していった。

さらに、医師の団体ばかりではなく、歯科、看護、薬学、理学療法、作業療法、カイロプラクティックという、医療関連の幅広い団体が加わった。

チュージング・ワイズリーでは約８０の団体が、約５５０の項目（医療行為）について、ムダな医療だと報告している。

ここでは、受けたくないムダな医療について５０項目を選び出した。米国で「ダメ出しされた医療」が日本では依然として通用していることがある。その一端を紹介していこう。

米国医学会が公開したリストから日本でも身近なもの

受けたくないムダな医療50

◎がん

【1】健常者にPET検査やCT検査のがん検診

健康な人でがんが見つかる可能性は極端に低く、無用な放射線被曝のリスクもある。

【2】前立腺がんで、安易にPSA検査

前立腺がんは進行が遅いため有害性は低く、検査が過剰な診断を招く。とくに高齢者にはPSA検査は不要である。

【3】低リスクの前立腺がんで、安易に治療

前立腺がんは、命に関わらない段階で見つかることが多い。経過観察して、がんの進行が見られなければ治療は必要ない。

【4】乳がんの疑いの段階で手術
がんの疑いがあっても針生検（はりせいけん：針を刺して組織を採取し検査する方法）で悪性でないとわかれば、切除手術は避けられる。
【5】転移のある乳がんに複数の薬剤
薬をたくさん使ったからといって生存率が高まるわけではない。少ないほうが生活の質も高まる。
【6】健康な女性に卵巣がん検査
無症状の女性に卵巣がん検査を実施しても早期発見や死亡率低下につながらない。
【7】早期肺がんで脳転移の画像検査
原発巣が小さい場合、いきなり脳に転移する可能性は非常に低い。10％超の確率で「偽陽性」も起こる。
【8】大腸がんの頻繁な内視鏡検査
高性能の大腸内視鏡を使った検査で発見できなければ、その後10年間はがん発生のリスクは低い。

◎X線・CT検査

【9】軽度頭部外傷でのCT検査

放射線被曝リスクがあるので、頭蓋骨骨折など高リスクの症状に限って実施すべきだ。

◎薬

【10】5つ以上の薬を使っている患者に、さらに医薬品を処方

5つ以上の薬を服用している場合、患者は複雑な投薬を把握することが困難になる。

◎循環器科

【11】85歳以上の患者にLDLコレステロール薬

85歳以上では、数値を下げるための薬剤は転倒、神経疾患などのリスクが高い。

【12】75歳以上の高血圧では下げすぎに気をつける

75歳以上の高齢者は、高血圧を薬で無理に下げて低血圧になった場合、死亡率の上昇や心臓血管の病気を増やす可能性がある。

◎腎臓病

【13】腎臓結石や尿管結石再発で、安易なCT検査
腎臓結石の再発では、CT検査をしても治療内容が変わるケースは少ない。不要な被曝をすることになる。

◎糖尿病

【14】2型糖尿病で毎日複数回の自己血糖測定
いったん管理目標を達成し測定結果が予測可能となれば、得られるものがない。

◎消化器科

【15】認知症患者への胃ろう
延命効果も誤嚥性肺炎の予防効果もない。そのうえ生活の質を高めない。

【16】胸焼けに安易に制酸薬
制酸薬を減らしたり使用中止したりしたとき、重症化する可能性がある。

【17】ピロリ菌を調べるための血液検査

ヘリコバクター・ピロリの感染を調べる際、血液検査ではなく糞便検査または呼気検査が望ましい。血液検査よりも精度が高い。

◎呼吸器科

【18】重症ではないぜんそく、気管支炎でのX線検査
身体検査や病歴から、ぜんそくや気管支炎の診断は十分できる。

【19】在宅酸素療法の長期利用
低酸素状態は急性疾患が治癒すれば改善することが多い。

◎整形外科

【20】リウマチで安易にMRI検査
診察や単純X線検査で十分に診断可能。

【21】リウマチに最初からバイオ医薬品
最初はより安価なメトトレキサートなど非バイオのリウマチ薬で治療。それで効果

が薄い場合に使うべきだ。

【22】腰痛発症後6週間以内の画像検査

特別な疾患や原因がないなら、画像検査は症状改善につながらない。

【23】ぎっくり腰で真っ先にX線検査

ぎっくり腰（急性腰痛）でも6週間以内の腰椎の画像診断は症状改善につながらない。

【24】腰痛で2日以上の休養

「休むより動く」が最近の治療の潮流。腰痛治療として48時間以上横になるメリットは認められていない。

【25】グルコサミンやコンドロイチン

変形性ひざ関節症の患者の症状を緩和させる効果はない。

【26】外反母趾や足底腱膜炎での安易な手術

手術による神経へのダメージ、感染症、骨への影響、こわばりなどが起こる可能性がある。手術には慎重になるべきだ。

◎　精神科

【27】　2種類以上の抗精神病薬の併用

効果が不透明になるうえ、薬物相互作用、医療過誤が増加する。

【28】不眠症で安易に睡眠検査

睡眠検査（睡眠ポリグラフ検査）は、睡眠障害症状が見られない不眠症の診断では通常必要ない。

【29】不眠症治療で最初から抗精神病薬を処方

効果の有無については見解が分かれており、重度の不安障害である場合のために取っておくべきだ。

◎　小児科

【30】風邪に抗菌薬（抗生物質）

細菌とウイルスは別の病原体。風邪のほとんどはウイルス感染症であり抗菌薬（細菌に効く薬）は効かない。

【31】熱性けいれんでの画像検査
熱性けいれんは自然に治る場合がほとんどのため、検査は必要ない。
【32】腹痛でむやみにCT検査
子どもへのCT検査は、被曝リスクを高め、将来的ながんの可能性を高める。
【33】子どもの虫垂炎（盲腸炎）でのCT検査
まずは安価で安全な超音波検査を実施すべきで、それでも明確に診断できないときにCTを検討するべきだ。

◎　産婦人科

【34】妊娠満期前の分娩誘発や帝王切開
妊娠満期（39～41週）前での分娩誘発や帝王切開は、子どもの学習能力障害や病気、死亡のリスクを高める。
【35】安易な陣痛促進
分娩誘発を行ってうまくいかず帝王切開になるのは、母親の産後の健康に好ましく

ない。

◎皮膚科

【36】じんましんの診断で安易な検査

慢性じんましんの多くは原因が特定できない。特定の物質に対するアレルギーの病歴がない限り不要である。

【37】爪水虫での飲み薬使用

飲み薬が必要なのは白癬（はくせん）菌の真菌に感染しているときだが、実は白癬菌に感染していないニセ水虫の場合がかなりある。

【38】皮膚炎での長期にわたる飲み薬使用、ステロイドの全身投与

長期投与による潜在的な合併症のリスクはメリットを上回る。

【39】アレルギー検査の際に非特異的ＩｇＥ検査

特異的ＩｇＥ検査（食物とアレルギーとの関係を特定する血液検査）と違い、非特異的ＩｇＥ検査は有効性が証明されていない。

◎脳神経科

【40】市販の頭痛薬の長期使用

副作用がないものであればよいが、ものによっては長期頻回使用が逆に薬剤濫用頭痛や肝臓の損傷につながる。

◎眼科

【41】子どもに眼底検査や眼圧検査など毎年の眼科検診

眼底・眼圧検査を含めた包括的眼科検診は、子どもには過剰。

◎耳鼻咽喉科

【42】突発性難聴で頭部、脳のCT検査

初期の治療に役立つような有益な情報をCT検査では得られない。MRI検査は原因特定に効果あり。

◎手術

【43】手術する場所の毛髪をそる

小さな傷から感染するリスクを考えると、かみそりでそらないほうがよい。バリカ

ンで刈ること。

◎看護

【44】尿路カテーテルの安易な留置、維持

カテーテルは使用を減らす・除去することで、感染症リスクを減らせる。

【45】高齢者の寝かせきりや座りっぱなし

入院中に歩行機能を維持すれば早期退院、手術後の早期回復につながる。

【46】せん妄の症状の高齢者を認知症とすること

せん妄が治療されず高齢者の長期入院につながる。

◎健康・予防

【47】治療・予防目的の腸洗浄や発汗促進

腸洗浄や発汗促進の効果のエビデンスはなく、むしろリスクがある。

【48】アルツハイマー病予測のためのＡｐｏＥ遺伝子検査

この遺伝子を調べても予測はできず、有用性は低い。
【49】ダイエット系、ハーブ系のサプリメント
健康効果はイメージにすぎず、効果がない。
【50】がんや心臓血管の病気を予防するためのマルチビタミン
がんや心臓血管の病気を防ぐためにマルチビタミン、ビタミンE、ベータカロテンを取っても効果はない。

ここからは、先の50項目の中から、いくつかを詳細に見ていこう。

いらないがん関連の医療

まずは日本での関心の高さや患者の多さなどを踏まえ、がん関連から見ていきたい。
日本でも増加傾向にある前立腺がんだが、前立腺がんの検診や治療では注意が必要だ。安易に「PSA検査」を受けたりするのは避け、がんが見つかっても積極的な治

療が必要かどうかを見極めなければならない。

ＰＳＡとは前立腺だけで発生するタンパク質で、この量が増えるとがんの可能性が高くなる。血液検査で検出できるので、世界中で検査対象として実施されている。だが、前立腺がんが見つかったところで、進行が遅いため有害性は低く、前立腺がんと診断されても、それで亡くなることはあまりない。その一方で患者の負担は大きい。

ＰＳＡ検査で引っかかると精密検査を受けるが、この精密検査では肛門や会陰部から検診針を刺す。「いっそ死んでしまいたいと思うほどの激痛だった」と検査を受けた男性は語る。がんが見つかり手術で前立腺を取り出すときに神経が傷つけられれば、手術後に勃起機能の障害が残るおそれもある。

健康な女性への卵巣がん検査も不要だ。膣の中に器具を入れて卵巣の異常を調べる超音波検査は人間ドックでオプションとして提供されているが、女性の年齢によらず、行っても早期発見や、がんによる死亡率の低下にはつながらないとされている。がんがほとんど見つからず、偽陽性が多く発生し、精密検査を受けたり誤った治療を受けたりすることのデメリットのほうが大きい。

大腸がんの頻繁な内視鏡検査も不要で10年に1回で十分だ。これまでの臨床研究によると、高性能の大腸内視鏡を使った検査でがんやポリープを発見できなかった場合、がんのリスクはその後10年間にわたって低いとわかっている。日本では毎年、大腸内視鏡の検査を受ける人もいるが、これはやりすぎだ。内視鏡検査で腸に穴が開く、麻酔薬で事故に遭うなどの危険があるためだ。

PETやCTはリスク

健常者に行うPET（陽電子放射断層撮影）検査やCT（コンピューター断層撮影）検査のがん検診も問題だ。

日本ではがん検診でPET検査は人気が高く、人間ドックのメニューにも入っていることが多い。だが、この検査で健康な人にがんが見つかる可能性は極端に低い。臨床研究のデータによると、その発見率は1％前後にとどまる。PET検査は、がんが確認された後の重症度の判定や治療中の効果判定には効果的だが、そうでなければ不要だ。無用な放射線被曝のリスクもある。CT検査も同様の理由で健康な人には不要とされている。

がん以外についても診療科別に見ていこう。まず、日本でもだいぶ認識は広まってきたが、風邪に抗菌薬（抗生物質）は不要だ。ほとんどの風邪には抗生物質が効かない。抗菌薬の多用が続くと、薬が効かない耐性菌の広がりにつながりかねない。2018年の診療報酬改定で、乳幼児の風邪や下痢に際し適切な説明を行い、抗菌薬を処方しなければ医師に報酬が支払われる仕組み（抗菌薬適正使用支援加算）が新設されている。

多くのオフィスワーカーを悩ませる腰痛だが、症状が出てから6週間以内の画像検査は不要とされる。「腰痛になりました」と整形外科を受診したときに、腰のX線写真を撮られて、とくに異常なく湿布薬のみもらって帰ったという経験をした人は多いだろう。神経的な障害が進んでいたり、骨や筋肉の炎症など深刻な状況が疑われたりする場合を除き不要とされる。

また腰痛時には横になっていたいかもしれないが、よくなりたいなら休養してはいけない。過去には腰痛になったら休んだほうがいいという考えが主流の時代もあったが、今は48時間以上横になることはメリットが認められない。腰痛では「休むより動く」が現代医学の潮流だ。

胃ろうより生活の質を

消化器科関連では、認知症高齢者への「胃ろう」は意味がないとされる。胃に栄養液を注入する胃ろうを認知症が進んだ人に行っても、延命効果がないばかりか、生活の質を高めないからだ。胃ろうを施すのは食べ物が気道に入る誤嚥（ごえん）を避けるためだが、液状の栄養液が胃から口に逆流して誤嚥を起こすこともあり、被害がなくなるわけではない。動きが抑制されるので人との交流も妨げられる。進んだ認知症においては、確実な栄養補給よりも、快適性や人的な交流を実現するほうが大切だとの考えが強まっている。

産婦人科関連では、妊娠満期前の分娩誘発や帝王切開は禁物とされている。「胎児は小さいうちに産むほうが危険が少ない」という見方は誤った考えとみられるようになっている。妊娠満期は39週から41週。これより前の分娩は、生まれてくる子どもの学習能力障害につながるとわかっている。病気や死亡のリスクを高めるともされる。

また妊娠満期でも陣痛促進は基本的にはすべきではない。早期産だけでなく、分娩誘発が好ましくないのは正規産でもまったく変わらない。分娩は、どんなときも自然に始まるのがよいという見解が関連学会の立場だ。

皮膚科関連では、爪水虫でも飲み薬はほとんど不要とされる。爪水虫は飲み薬で治すのが一般的とされている。だが、米国皮膚科学会は、「爪水虫では真菌感染が確認されない限り、飲み薬を処方してはならない」と指摘している。

一見すると爪に真菌が感染しているとみられる場合であっても、およそ半分はそうではなく、単なる爪の損傷なのだという。真菌を確認してから薬を使うようにすれば、無用な飲み薬の副作用の可能性を避けられる。爪水虫だと3～6カ月といった長期にわたり薬を服用している人もいるだろうが、そもそも真菌がいないのだとしたら、まったくムダだったことになる。

市販の頭痛薬の長期使用も禁物だ。ドラッグストアに行くと、多くの頭痛薬がひときわ目立つ存在として並んでいる。頭痛があるとつい手を伸ばしてしまいがちだが、長期間、あるいは頻繁に使うのは推奨できないとされる。とくにカフェインを含んだ薬剤はむしろ頭痛が増す可能性があるので注意を要する。

健康、予防関連だと、腸洗浄や発汗促進などいわゆる「デトックス」に、解毒の効果はないとされる。腸洗浄はむしろけいれんや痛み、電解質のバランス異常、腸の穿孔（せんこう）といったリスクにつながる。発汗の促進も、熱中症や脱水、やけどや心筋障害につながりかねないという。

また「サプリメント」は健康維持に効果はないとする。質の管理が欠如しており、成分の調整もうまくできていないため、ダイエットサプリメントやハーブ類のサプリメントは健康を維持する目的で使うべきではないとしている。

米医療界の新潮流「賢い選択」の社会的背景

注意しておきたいのは、チュージング・ワイズリーでは医師と患者との会話を促すのが第1の目的で、推奨事項を必ず守るべきだとはしていないことだ。医師に疑問を問うのがチュージング・ワイズリーの目指すところ。医療を疑うのがスタート地点なのだ。

チュージング・ワイズリーは一般の人々にも十分に役立つ内容だが、もともとは、各分野の専門の医学会が医療従事者に向けて発したメッセージとして始まった。これを不思議に思う人がいるかもしれない。医学会がムダな医療を公開すれば、自らの裁量権を狭めるからだ。なぜそんな行動に医学会が出たのか。

そこには日本にも共通する医療費の膨張という側面がある。米国の医療費は年間300兆円。日本の40兆円強よりはるかに多い。

2010年にスタートした、いわゆる「オバマケア」で、低所得者層にも公的医療保険が適用されたことで医療費は増える一方だ。さらに「価値の低い医療は許容すべきではない」という米国の合理的・実践的な思考も加わった。

チュージング・ワイズリーの中心的団体であるＡＢＩＭ財団で最高執行責任者を務めるダニエル・ウルフソン氏は、米国で支持を得た理由について、「医学会との強固なネットワークがあったから」と説明する。

親組織であるＡＢＩＭが専門医資格を認定しており、そのつながりの中で、専門職である医師や各種医療関係者と太いパイプがあった。それでもウルフソン氏は、「今ほど広がるとは想像していなかった」と語る。関係者の想定を超えて、定着していったことがわかる。

オバマケアの対象者も含まれる低所得者向けの保険制度「メディケア」の中で、19年から「メリット・ベースド・インセンティブ・ペイメント・システム」と呼ぶ医師の給与評価システムが動き出した。メディケアに雇用される医師は、その提供する「価値」に基づき給与が増減する。22年の段階で、「価値の低い医療」しかできていない医師は給与が9％減額される見込みだ。逆に価値の高い医療を行う医師には加算がある。

米ニューヨークのシダースサイナイ病院では、電子カルテにチュージング・ワイズリーを組み込む試みが進む。ムダな医療を行おうとすると、カルテに警告が出る仕組みだ。

日本ではチュージング・ワイズリーはマイナーな存在だ。16年に元佐賀大学教授の小泉俊三医師が中心になって日本版を立ち上げたが、まだ知名度は低い。それでも医師と患者との対話促進、そして医療費の削減のためにも、やがてもっと広がっていくかもしれない。

室井一辰（むろい・いっしん）
東京大学農学部獣医学課程卒業。病院や診療所などに関する記事を多数執筆。近著に『続 ムダな医療』（日経BP社）。

国内で年間8000人が死亡

抗菌剤が効かない耐性菌の脅威

ほとんどの風邪に抗生物質（抗菌剤）が効かないことは、医師は知識としては当然知っている。風邪の原因の9割はウイルス感染症で、抗菌剤はウイルスには効かないためだ。

だが医者にかかると、抗菌剤が処方されることが少なくない。「抗菌剤が風邪の重症化や細菌への2次感染を防ぐ」という見解も根強かったが、2000年半ばには国内外の研究を通して否定されている。それでも「風邪に抗菌剤」は一向に解消されない。

習慣的に抗菌剤を処方する医師もいるが、患者側の要望が強いという事情もある。日本化学療法学会などが2018年に診療所の勤務医を対象に実施した意識調査によると、風邪と診断された患者が抗生物質を希望した場合、「説得しても納得しなければ処方する」が50％、「希望どおり処方する」が13％で、全体の6割に上った。

抗菌剤の多用はどんな弊害があるのか。深刻なのは、抗菌剤が効かない耐性菌（薬剤耐性菌）を蔓延させてしまうことだ。細菌はさまざまに形を変えながら、増殖を繰り返す。抗菌剤で病気を起こす細菌を殺すことができても、耐性菌には効果がない。するとと死んでしまった細菌の場所に耐性菌が繁殖してしまう。こうして耐性菌がどんどん増える悪循環になる。

衝撃のデータ

薬剤耐性菌によって国内で年間8000人が亡くなっている――。2019年12月、国立国際医療研究センター病院・AMR（薬剤耐性）臨床リファレンスセンターの調査結果は、関係者に衝撃を与えた。耐性菌による国内の被害の全体像が示されたのは初めてのことだ。

全国の約2200の病院を対象に、2011～17年の間で、メチシリン耐性黄色ブドウ球菌（MRSA）と、フルオロキノロン耐性大腸菌（FQREC）の2つの代表的な耐性菌で死者を推計した。

黄色ブドウ球菌は、人間ののどや鼻の粘膜、皮膚にも存在し、通常は悪さをしないが抵抗力が下がったときなどに、食中毒や肺炎などの病気を引き起こす。大腸菌は腸内にいる細菌で多くは無害だが、時に激しい下痢を起こすほか血管に入ると重大な感染症を招く。調査では、患者の血液や菌血症の死亡率のデータから推計。17年のMRSAでの推計死者は4224人、FQRECでの推計死者は3915人になった。

AMR臨床リファレンスセンター長の大曲貴夫医師は、「年間の死者が約8000人という数字は、半ば想定していたが、それでもこれだけの数が亡くなっていることは重大。薬剤耐性への対策は急務だ」と指摘する。

大曲医師は「風邪には抗菌剤を処方しないこと。患者さんも正しい情報を身に付けることが不可欠」と話す。

耐性菌を防ぐには、医師が抗菌剤のタイプを使い分けることも必要だ。日本では、多くの細菌に有効な「広く効くタイプ（広域抗菌薬）」がよく使われる。だが耐性菌が現れた際に治療に困ることになる。大曲医師は「感染症のタイプを見極め、『狭く効く』抗菌剤を使用してほしい」と話している。

（長谷川　隆）

■抗菌剤が効かない耐性菌の死者8000人
—MRSAとフルオロキノロン耐性大腸菌による死者—

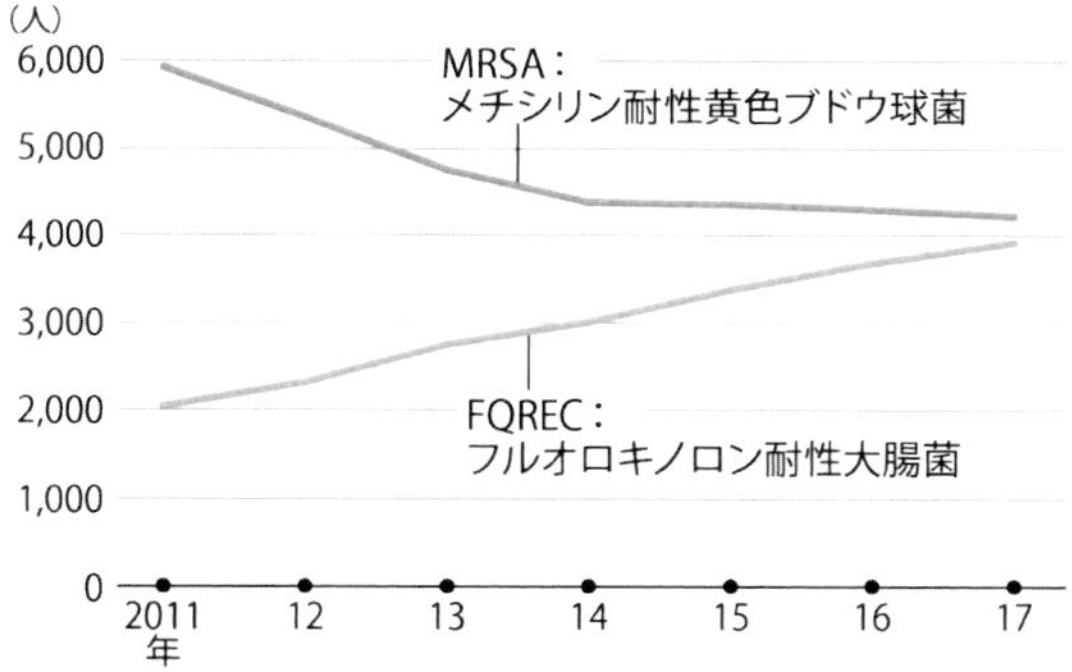

(出所)国立国際医療センター病院 AMR臨床リファレンスセンター

糖尿病、高脂血症、高血圧……

効果よりも副作用が怖い　飲んではいけない薬

武蔵国分寺公園クリニック 院長・名郷直樹

薬による治療効果は、患者が期待しているよりも小さい。人間を対象にした臨床試験の結果でエビデンス（科学的根拠）があったとしても、統計学的な事実を示しているだけで実際の治療効果はわずかな場合がある。あくまで統計学的な確率であり、個別の患者で何が起こるか予測は難しい。これは臨床の現場でどの医師も直面することである。

しかし一方で、薬の中にはそのエビデンスが乏しい薬がある。そうした薬が漫然と処方されていることが大問題なのだ。学界のボスや製薬会社の言うとおりに処方している医師があまりに多い。お薦めしない薬を紹介しよう。

糖尿病は合併症の予防を

例えば、糖尿病の治療薬で比較的新しいタイプのＤＰＰ－４阻害剤。トラゼンタ、ジャヌビアという製品名で発売されているが、血糖値を下げる効果はあっても、糖尿病の合併症である網膜症や腎症を減らす明確なエビデンスはない。また、心筋梗塞や脳卒中の予防効果はないというエビデンスがある。

また、同じ糖尿病薬で、チアゾリジン系薬剤のアクトスも、心血管病のリスクを減らす確実なエビデンスはない。それどころか心不全が増えるという研究がある。糖尿病の治療は、心筋梗塞や脳卒中も含めて合併症の予防に意味がある。だから予防効果がはっきりしている薬を使ったほうがいい。私は昔からあるメトホルミンを第１選択薬にしている。こちらは圧倒的に合併症の予防効果が高い。

高血圧では利尿剤を

糖尿病と同じく代表的な生活習慣病である高脂血症（脂質異常症）では、メバロチンなどのスタチン（系）と呼ばれる薬が一般的だ。ＬＤＬコレステロールが増えると動脈硬化を起こし、心筋梗塞や脳梗塞を招きやすい。スタチンはこのＬＤＬコレステロールの値を下げ、心筋梗塞や脳梗塞の予防効果がある。

スタチンは中性脂肪の値が高い人に対しても最初に使う薬だ。ただし、中性脂肪の値は、「お酒をやめる」「甘いものをやめる」ことで下がる。まずは食生活の改善。それでも高いならスタチンを使えばいい。高中性脂肪ではフィブラート系薬剤のベザトールなどが使われることがある。しかし、フィブラート系薬剤は、心筋梗塞は減るが寿命が短くなったという研究がある。

スタチンを飲んでいて、輸送タンパク阻害剤であるゼチーアを追加された患者もいるだろう。確かにゼチーアを追加すれば、心血管病の発症を予防できるという研究はある。約1万8000人の患者を対象にした大規模な研究で、統計学的に一応は、「追加効果がある」との結果だった。しかしその効果は100の心筋梗塞や脳卒中を94に減らすというような微妙なものである。薬価が高く副作用も考慮すると追加の必要性は小さい。

高血圧の薬（降圧剤）は、利尿剤、カルシウム拮抗剤、ＡＣＥ（アンジオテンシン変換酵素）阻害薬などさまざまな種類がある。βブロッカーというタイプだけは、脳卒中の予防効果が小さいので第１選択薬から外すが、あとは効果がほぼ同じと考えてよい。

その中でも利尿剤は効果がいちばんわかっており、価格も安い。とくに収縮期血圧値が高い高齢者には、１剤で血圧が下がりやすい。ただ、若い患者だと利尿剤は効きにくい場合が多いので、カルシウム拮抗剤やＡＣＥ阻害剤を使うことも多い。ディオバンやブロプレス、ニューロタンといったＡＲＢ（アンジオテンシン受容体拮抗薬）は薬価も高いので、最後の選択となる。

痛風（高尿酸血症）の治療で、薬を飲む必要があるか悩む人もいるだろう。しかし、痛風の発作や尿路結石がない人は、無理して薬を飲む必要はない。痛風の薬には、まれに比較的重い副作用があるからだ。とくにフェブリクは心筋梗塞が増える可能性を米国食品医薬品局（ＦＤＡ）が示し、第１選択薬にしないよう勧告した。痛風の発作が治まったとしても、心筋梗塞で死んでしまっては元も子もない。ただし重い副作用は比較的まれのため、私は2回以上発作が起きて患者さんが発作の痛みを気にしていれば、「予防の薬を飲む方法もありますよ」と提案するようにしている。

抗インフル薬はいらない

抗インフルエンザ薬のタミフルやリレンザは、普段、健康な成人なら飲む必要はまったくない。飲んだところで、飲まない人に比べて治るのが1日短くなるぐらいの効果しかない。1日でも早く仕事に復帰しなければならない社会より、1日でも休みやすい社会の実現が重要ではないか。インフルエンザは1週間もすれば自然に治る。とはいえ、乳児や高齢者で心不全があるなど、ハイリスクの患者は飲んだほうがいい。

抗インフルエンザ薬では、2018年にゾフルーザという新薬が登場した。1回飲めば済むということで抗インフルエンザ薬では売り上げ1位である。だがゾフルーザには耐性ウイルスが発生しやすいという問題がある。とても第1選択薬にするような薬ではない。

抗認知症薬ではアリセプトが代表的だが、もともと効果に疑問のある薬だ。アリセプトはMMSEという患者への認知症テストで、プラセボ（偽薬）と比べ1点以下しか差がつかなかった。これは日常生活では効果が区別できないレベルだ。逆に食欲不振や怒りやすくなるなどの副作用がある。メマリーなどほかの抗認知症薬も病気の進行を抑制する効果はあるものの、極めて小さい。

患者は疑問に思う薬があれば、主治医に相談してほしい。「薬はできるだけ最低限にしてください」「どれぐらいの効果があるのか数字で教えてください」と聞いて、そのうえで飲みたくないなら、はっきりと伝えたほうがいい。

名郷直樹（なごう・なおき）

1961年生まれ。自治医大卒業。20年以上にわたりEBM（根拠に基づく医療）を実践し、その普及に努める。医学部でもEBM教育を行う。世界の臨床研究に詳しい。

■お薦めできない薬 ―エビデンス（科学的根拠）が不十分な薬―

薬の種類	作用上の分類	製品名	一般名（後発品名）	注意点
糖尿病薬	DPP-4阻害剤	トラゼンタ	リナグリプチン	血糖値は下がるが、合併症を減らすというエビデンスがない。心筋梗塞や脳卒中の予防効果はない
		ジャヌビア	シタグリプチン	
	チアゾリジン系薬剤	アクトス	ピオグリタゾン	心血管病のリスクを減らす確実なエビデンスがない。心不全が増えるとの研究がある
高脂血症薬	フィブラート系薬剤	ベザトール／ベザリップ	ベザフィブラート	主に中性脂肪を減らすが、その値が特別高くない限り、治療の必要性はない。心筋梗塞は減るが寿命が短くなったという研究がある。中性脂肪を減らすならスタチン系を使用する
	輸送タンパク阻害剤	ゼチーア	エゼチミブ	スタチン系薬剤が効かない人に処方されるが、その効果は小さい。がんが増えるとの研究がある
高血圧薬（降圧剤）	アンジオテンシン受容体拮抗薬	ディオバン	バルサルタン	高血圧はまず利尿剤で治療。それで不十分ならば、ACE阻害剤かカルシウム拮抗剤を使うべきだ。アンジオテンシン受容体拮抗薬は最後の選択に
		ニューロタン	ロサルタンカリウム	
		ブロプレス	カンデサルタン	
痛風治療薬	―	フェブリク	フェブキソタット	心筋梗塞を増やすリスクがある。そもそも痛風治療において、尿酸値が高くても痛みがなければ、経過観察で構わない
抗インフルエンザ薬	―	タミフル	オセルタミビル	普段健康な成人は、基本的にインフルエンザ薬は不要。むしろ耐性ウイルスの出現が危惧される
		リレンザ	ザナミビル	
		ゾフルーザ	バロキサビルマルボキシル	
抗認知症薬	―	アリセプト	ドネペジル	治療の効果は小さい。食欲不振や怒りやすくなるなどの副作用がある
		メマリー	メマンチン	

（出所）エビデンスが十分な研究結果を基に筆者作成

「薬害・廃人症候群」の恐怖

高齢者への安易な処方で認知症患者が数十万人

医薬経済社 記者・坂口直／ノンフィクション作家・辰濃哲郎

高齢になれば薬の量が増えるのは仕方ない面がある。だがその薬によって、認知機能が落ち、揚げ句には廃人のような症状に追い込まれる副作用については、長い間放置されてきた。

危機感を抱いた関係学会が「危険なクスリ」を300種類挙げて注意を促したが、それでも漫然投与は続き、被害は数十万人にも及ぶかもしれない。陰に追いやられてきた高齢者医療を追っていくと、驚くべき実態が見えてきた。

まるでつくられた認知症

ベンゾジアゼピン（BZ）という薬剤の名前を聞いたことがあるだろうか。睡眠薬・抗不安薬としてよく使われる薬剤だが、医師が高齢者に処方する際に、とくに注意を要すると指摘されている。

新聞や週刊誌を読んで自由に出歩いていた高齢者が、病院にかかって薬剤を服用した途端に人が変わってしまう。記憶力や判断力が奪われるなど認知機能の低下を招く副作用の危険性がある。それだけでなく、元気がなくなって寝たきりになる過鎮静や、急に怒り出して暴言や暴力を繰り返すなどといった症状もある。家族も慌てるが、何より人生の最終章を迎えた高齢者の尊厳を奪いかねない。

海外では早くから危険性が叫ばれていたが、日本では漫然とした処方が続けられてきた。このように薬剤によって老化現象を招くことを「薬剤起因性老年症候群」と呼ぶ。この被害が数十万人に及ぶとしたら信じられるだろうか。

認知症患者への減薬に取り組む兵庫県立ひょうごこころの医療センター認知症疾患

医療センター長の小田陽彦医師は、ＢＺ系薬剤による被害を何度も経験している。

２０１６年の春先のことだ。８０歳代の女性が娘に連れられて診察にやってきた。2年前に夫と死別して気落ちし、精神科クリニックで認知症とうつ病と診断された。抗認知症薬に抗うつ薬、それにＢＺ系の抗不安薬を処方された。

間もなく動作が緩慢になり、歩くのもままならず、終日こたつで過ごすようになる。娘に何度も電話をかけるが要領を得ない。衰弱していくのを見かねた娘が小田医師の元に連れてきたのだ。

認知症の検査であるミニメンタルステート検査（ＭＭＳＥ）は３０点中１７点だ。２３点以下は認知症の疑いがあるが、頭部のＭＲＩ（磁気共鳴断層撮影）で検査すると、アルツハイマー型認知症に特有の海馬の萎縮は目立たない。小田医師は、薬剤起因性老年症候群を疑った。

抗うつ薬とＢＺ系薬剤を徐々に減らしていくと、足取りがしっかりとしてきた。能面のようだった顔つきにも明るさが戻ってきた。やがてデイサービスにも通えるまでに回復した。残念ながら、レビー小体型の認知症の疑いは残るもののＭＭＳＥは

24点になった。小田医師は、明らかにBZ系薬剤が原因だったと思っている。

「あのままでは、寝たきりで亡くなっていた可能性が高い」

万引きで何度も警察沙汰になっていた70歳代の女性のBZ系薬剤を中止したところ、盗癖がピタリと治まった。MMSEは24点から満点の30点まで戻った。

「まるでつくられた認知症だ」と小田医師は嘆くが、減薬したら認知機能低下などが改善したケースは、あちこちで聞く。

BZ系薬剤は、1960年代に安全な薬剤という触れ込みで全世界に広まった。日本で使われている睡眠薬・抗不安薬のほとんどはこのBZ系で、後発品を含めて約150種類もある。作用機序の違う非BZ系もあるが同じような副作用が起きる。

海外では1982年にカナダ政府が、高齢者には過鎮静が若者の2倍起きるので注意が必要だと指摘したのを皮切りに、米国の老年医療のバイブルという「ビアーズ基準」でも90年代から指摘されている。

身体拘束代わりに薬剤

それでも日本で使われ続けるのはなぜか。関東の療養型病院に勤務する男性職員から、BZ系薬剤の驚くべき使用実態を聞いた。

軽度認知症で入院していた80歳代の女性は、腰椎骨折の手術を終えて転院してきた。リハビリに励んで歩けるようになった、明るい気配りのできる女性だった。ところが、1人で歩き回るようになると転倒や骨折のリスクが高まる。

この病院の人手不足は深刻で、歩き回る患者に付き添う余裕はない。医師は彼女にBZ系薬剤を処方した。その直後から意欲が減退し、車いすに座っても体が傾く。話す内容も支離滅裂で、面会に来た家族が動揺するほどだった。

この男性職員は、看護師に「あまりにかわいそう。減薬できないか」と尋ねたが、「人がいればね」と取り合ってくれない。

薬剤によって鎮静化させ、その副作用で「廃人のような」状態に陥っている患者は3割、あるいはそれ以上いるという。身体拘束の代わりに薬剤で事実上の拘束をするのは、私たちには虐待に映る。

ほかにも薬剤で患者をおとなしくさせている病院や施設はいくらでもある。

だが、この問題を突き詰めていくと、「歩き回る高齢者は自宅に引き取ってもらうほかない」という、超高齢化社会に対応できない医療の姿が浮き彫りになってくる。

ＢＺ系薬剤の問題が日本で初めて公的に指摘されたのは２００５年だ。日本老年医学会が「高齢者の安全な薬物療法ガイドライン」の中でＢＺ系薬剤を含めた「特に慎重な投与を要する薬物リスト」を作成して注意を促している。１５年に作成された改訂版では、長時間効果が持続する種類のＢＺ系薬剤について、「使用すべきではない」と踏み込んだ。

ところが日本でのＢＺ系薬剤の使用はほとんど減っていない。

厚生労働省の「社会医療診療行為別調査」で、「催眠鎮静剤・抗不安剤」の1カ月間の薬剤料の推移を75歳以上に限って集計してみた。２００３年は1カ月間に約１６億円で、１０年後の１３年には２５億円を突破し、１８年は約１９億円だ。主な先発品は、この間の薬価改定で3割前後引き下げられていることを考えると、使用量はあまり変わっていないことになる。

日本老年医学会が２００５年と１５年に発した警告は、医師の元には届いていないようだ。

日本老年医学会理事長で、ガイドラインを中心になってまとめた東京大学大学院医学系研究科老年病学の秋下雅弘教授は、「ガイドラインは所属する学会員以外にはあまり読まれていない」と嘆く。

前出の小田医師も、患者のかかりつけ医とのやり取りを通して感じるのは、「危険性を知らない医師が多すぎる」という事実だ。「問題は、自分の処方した薬剤によって認知機能の低下などを招いていることに気づいていないこと。先輩に教えてもらった使い方をアップデートしていない。言ってみれば不勉強なんです」。

いったい、薬剤起因性老年症候群の被害は、どれほどのものなのか。

小田医師は、「認知症の疑いでやってくる患者の1～2割は薬剤が原因というのが実感だ」と話す。

米ワシントン大学医学部のチームが認知機能低下を招いた65歳以上の患者を調べたところ、11％に薬剤の影響があったとする論文が1987年に公表されている。

小田医師の実感は、この結果ともほぼ一致する。

認知機能が低下した患者の1～2割が薬剤起因性老年症候群だと仮定しよう。厚労省の推計だと、20年の認知機能患者は約600万人だから、60万～120万人というとてつもない数字になる。大ざっぱな推計だが、決して過小評価できないというのが、取材を続けてきた実感でもある。

抗認知症薬で殺人事件

認知機能の低下などを招く危険性のある薬剤はBZ系薬剤だけではない。抗認知症薬には感情を爆発させる副作用がある。

2015年1月13日付の神戸新聞に、こんなベタ記事が掲載された。「夫に殴られ　73歳妻死亡」。

姫路市内の76歳の男性が自宅で妻を殴って死なせた事件だ。「妻がぶつぶつ言っていたので腹が立って素手で1発殴った」と認め、男性は傷害致死で逮捕されている。

一見、単なる夫婦げんかの延長にも見えるこの事件だが、そんなに単純なものではなかった。

厚労省の医薬品医療機器総合機構（ＰＭＤＡ）は、全国の医師や製薬会社などから報告のあった副作用事例を「症例一覧」として公開している。ここに同じ日付の報告事例を見つけた。「副作用／有害事象」の欄に「殺人」とあり、「発現日」も年齢も一致する。姫路の傷害致死事件を指していると思われる。

症例報告によると、この男性はアルツハイマー型認知症で、抗認知症薬など複数の薬剤を服用しているが、傷害致死に至った被疑薬を、抗認知症薬の先発品の１つ「レミニール」に絞り込んでいる。

さらに驚くのは、この男性は事件の2年前、レミニールを服用した直後に「激越」などを生じたと記録されている。にもかかわらず、レミニールは処方され続けた。もし、そのとき中止していれば、事件は起きなかった可能性がある。

小田医師の元にも、１６年１１月、７０歳代の女性が相談にやってきた。夫が抗認知症薬を服用してから暴力を振るうようになり別居したとの訴えだ。抗認知症薬を中止したところ、しばらくすると妻が訪ねてきた。夫の暴力が治まり別居が解消したという。

抗認知症薬については、フランスで18年6月に、国費による保険給付の中止が決まった。「効果がない」ということだ。

抗認知症薬は、認知症のうちアルツハイマー型（アリセプトはレビー小体型認知症も可）にしか効かない。にもかかわらず、診断が確定していないのに処方されるケースが少なくないと小田医師は感じている。それ以外の患者に処方すると、副作用だけが出現するから危険極まりないというのだ。

ガスターで認知機能低下

危険な薬剤は、まだある。

胃腸薬として有名なガスターは、高齢者の認知機能低下や「せん妄」「錯乱」「意識障害」「うつ状態」を引き起こすおそれがある。

胃酸の分泌を止めるH2受容体拮抗薬（H2ブロッカー）の1つで、ピーク時には約900億円を売り上げ、市販薬としてドラッグストアでも購入できる。

小田医師が診療した、ある女性患者は「物忘れ」に苦しんでいたが、ガスターの服用をやめると、MMSEが24点から28点に回復した。こうした症例は多数ある。

2017年、日本神経学会は「認知症疾患診療ガイドライン」を公表、認知機能の低下を誘発しやすい薬剤を一覧表にまとめた。

鎮痛薬としては有名なリリカや抗ウイルス剤で名高いタミフル、高脂血症薬として最も使われているクレストール、泌尿器科の薬剤として売り上げ上位のベシケアなど、広く使われている一般的な薬剤が少なくない。全部で約300種類に及ぶ。

これらの薬剤の有用性を否定するつもりはない。むしろ逆だ。薬剤に副作用はつきもので、それを医師が適正に使用することが薬剤を生かす命綱となる。危険性が警告されているのに、知らずに使って高齢者の尊厳を侵すとすれば明らかな薬害で、「薬害・廃人症候群」と呼ぶゆえんだ。

「ボケるのは仕方ない」「もう老い先が短いのだから」などと、命に見切りはつけてほしくない。

坂口直（さかぐち・なお）

大阪大学大学院医学系研究科保健学専攻修士課程修了。医薬経済社で厚労省、製薬企業などを取材。

辰濃哲郎（たつの・てつろう）

朝日新聞記者を経てノンフィクション作家に。厚労行政や薬害にも詳しい。

高齢者への投与に注意が必要 ― 精神・神経系の副作用を引き起こす薬

薬の種類		製品名	一般名(後発品名)	主な副作用
睡眠薬・抗不安薬	ベンゾジアゼピン(BZ)系	デパス	エチゾラム	認知機能低下 過鎮静 せん妄 転倒・骨折 運動機能低下
		レンドルミン	ブロチゾラム	
		ソラナックス／コンスタン	アルプラゾラム	
		ハルシオン	トリアゾラム	
		サイレース／ロヒプノール	フルニトラゼパム	
		セルシン／ホリゾン	ジアゼパム	
	非BZ系	マイスリー	ゾルピデム酒石酸塩	
抗認知症薬	―	アリセプト	ドネペジル	攻撃性 せん妄
		レミニール	ガランタミン	
		リバスタッチ	リバスチグミン	
		メマリー	メマンチン	
胃腸薬	H_2ブロッカー	ガスター	ファモチジン	認知機能低下 せん妄
		ザンタック	ラニチジン	
		タガメット	シメチジン	
	プロトンポンプ阻害剤	タケプロン	ランソプラゾール	眠気、うつ状態
		パリエット	ラベプラゾール	ふらつき、せん妄
鎮痛薬	―	リリカ	プレガバリン	錯乱、認知障害
		ボルタレン	ジクロフェナク	錯乱、抑うつ
抗精神病薬	―	リスパダール	リスペリドン	認知機能低下 過鎮静 錐体外路症状 (動きが遅くなる、姿勢を保てなくなる、顔の表情が乏しくなるといった症状)
		ジプレキサ	オランザピン	
		エビリファイ	アリピプラゾール	
		セロクエル	クエチアピン	
高脂血症薬	―	クレストール	ロスバスタチン	健忘、睡眠障害
過活動膀胱薬	―	ウリトス	イミダフェナシン	幻覚、せん妄

(出所)日本神経学会「認知症疾患診療ガイドライン2017」、日本老年医学会「高齢者の安全な薬物療法ガイドライン2015」、各薬剤の添付文書などを基に筆者作成

薬害に腰の重い厚生労働省

長い間、その危険性が放置されてきたベンゾジアゼピン（ＢＺ）系薬剤について、厚生労働省が検討を始めたのは、２０１７年に「高齢者医薬品適正使用検討会」を設置してからだ。日本老年医学会が危険な薬剤を公表してから１２年も経っている。検討会の議論を経て、１８年に公表されたのが「高齢者の医薬品適正使用の指針（総論編）」だ。「薬剤起因性老年症候群と主な原因薬剤」の一覧表でＢＺ系薬剤について「可能な限り使用を控える」とまとめた。だが、重要な安全性情報は、添付文書にこそ記載すべきではないだろうか。薬剤ごとの有効性や安全性情報を網羅していて、医師にとっては基本資料だ。

どのＢＺ系薬剤の添付文書を見ても「認知機能の低下」や「過鎮静」の文字はない。

注意を促す改訂はできないものか。厚労省医薬安全対策課に尋ねてみたが、「より質の高いエビデンス（根拠）がなければ、添付文書には書けない」とする。だが日本老年医学会がBZ系薬剤の危険性に警鐘を鳴らした「高齢者の安全な薬物療法ガイドライン」では、危険性を訴える根拠となる論文や海外の基準が示され、エビデンスが重視されている。エビデンス不足を理由に添付文書改訂に消極的なのは、危機感の欠如に映る。

「薬、人を殺さず。薬師、人を殺す」という格言がある。薬によって人が死ぬのは薬が悪いのではなく、処方する人の責任ということだ。その責任の一端は厚労省にも、もちろんあるはずだ。

病床を埋めるのが最優先　量産されるムダな入院

「看護師の仕事が軽んじられている。病院がホテル代わりに使われる状態が当たり前になって、医療の仕事になっていない」。関西の病院に勤務する40代の看護師はため息をつく。

そうした問題が起きているのは、レスパイト入院（レスパイトとは一時的な休息の意味）と呼ばれる介護家族支援のための短期入院が、本来の趣旨とは違った形で使われているからだ。家族の負担軽減のための入院が、高齢者の「第二の家」として使われている。単なるホテルであるかのように――。

病院側は収入につながるため、むしろ大歓迎だ。「自費の差額ベッド代がかかる個室を使ってくれる人もおり、儲けになる」と先の看護師。しかも、こうした入院患者は、医療的な対応はほとんど必要ない。医師が「気管支炎」や「脱水」など、当たり障りのない軽症の病名を付けておけばよいのだ。患者側も慣れたもので、看護師に対しホテルの従業員であるかのように接してくる。看護師にとっては、よく言えば「手間がかからない」、悪く言えば「誇りを持てない」仕事が押し付けられる。

おかしな状況が広がる背景にあるのは、病院の空床が増えていることだ。日本の主要な病院では入院費は1日の単価に入院日数を掛けて算出され（DPCと呼ばれる）、入院期間が長引くと1日の入院費が段階的に減るようになっている。このため多くの病院は患者を早々に退院させる方針をとっている。しかし、入院患者が次々と来なければ収入が減り、病院経営は悪化してしまう。実際、次図のように、日本の病床利用率は低下傾向だ。1990年代には80％を超えていた利用率は、直近では75％まで下がっている。病床をいかに埋めるかは経営上の課題だ。

こうした状況により、安易な入院が広がる素地ができた。病床を埋めるための入院として医療関係者が指摘するのが、糖尿病の教育入院だ。糖尿病の治療は、栄養バランスの整った食事や運動、投薬などの自己管理が欠かせない。教育入院は、患者に丁寧な食事や投薬の指導をするものだ。しかし、外来でも可能なのに入院が安易に行われているケースもある。

ある病院の関係者は、「患者が外泊許可を得て自宅で好きな食事をして帰ってくることも珍しくない」と言う。教育入院は病院側にとって手がかからない。そのうえ、病院の裁量で入院期間を設定できるため、手堅い収入源となる。

糖尿病の教育入院だけでなく入院日数や医療費の内容は病院の都合で決められることが多い。そのため病院によって入院期間や医療費はバラバラだ。

■ 病床の空きが課題 ―一般病床の利用率は低下傾向―

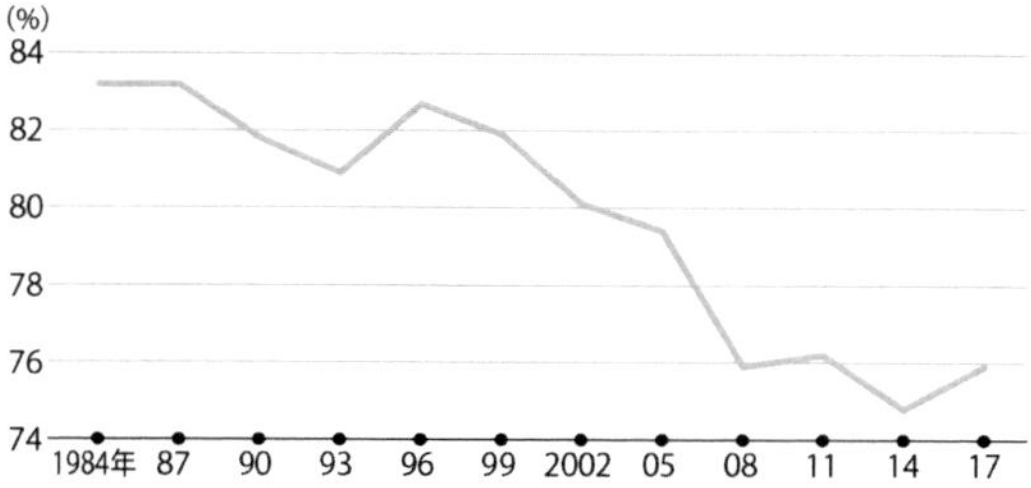

(出所)厚生労働省「病院報告」

入院費用は20倍の差も

では実際、どれほどの差があるのか。医療経営支援会社「グローバルヘルスコンサルティング・ジャパン」の協力を得てデータを分析した。糖尿病の教育入院は、平均入院期間が12・5日だ。しかし、次図に示すように、病院によって1日から22日以上まで大きくばらついている。医療費は平均46万4529円に対し、4万円程度から76万円超まで、20倍近い差がついている。

■ 入院日数も医療費もバラバラ

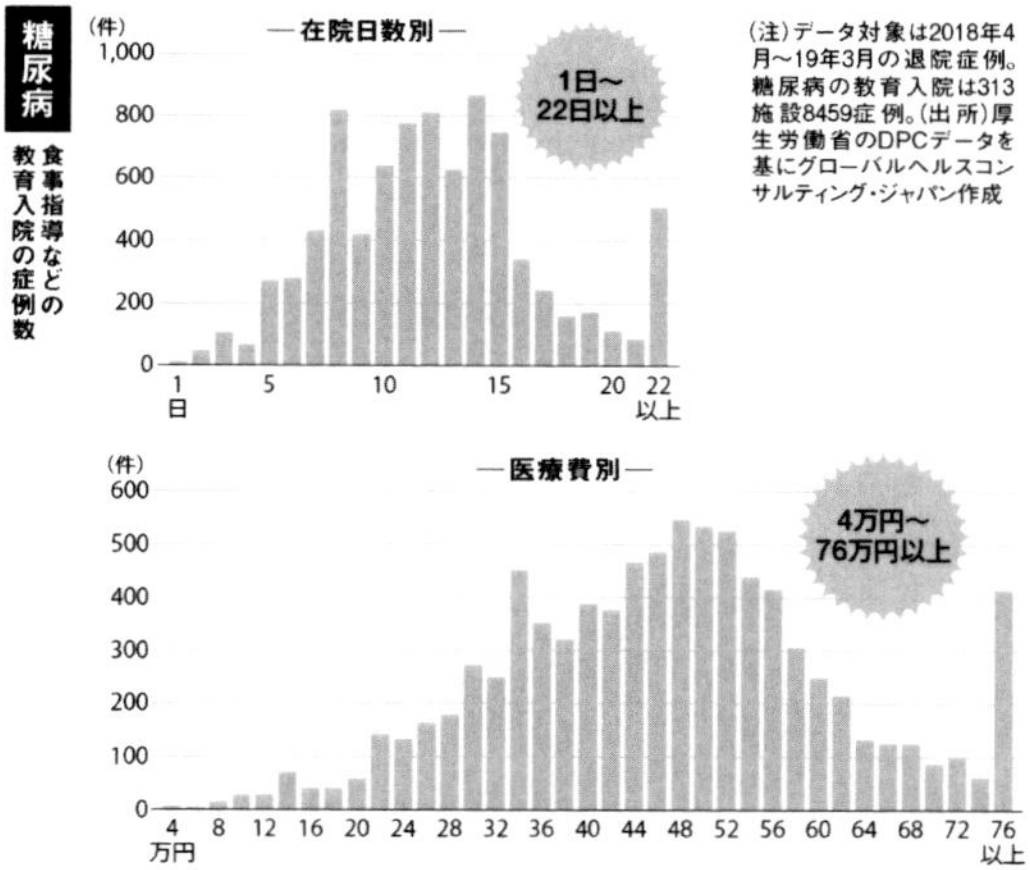

(注)データ対象は2018年4月〜19年3月の退院症例。糖尿病の教育入院は313施設8459症例。(出所)厚生労働省のDPCデータを基にグローバルヘルスコンサルティング・ジャパン作成

こうしたばらつきは、中高年に多く発症する白内障の手術でも起こっている。白内障手術は、白く濁った水晶体を人工の眼内レンズに置き換える。主流は、片目の手術を入院させて行う方法で、平均入院期間は2・6日だ。約8割は2~3日間に収まる。しかし、両目の手術を一度に行うケースでは、病院によっては1日から8日以上までさまざまだ。平均入院期間の5日に対し大きくばらついている。

入院日数に伴い、医療費にも差がある。片目の手術の場合、平均医療費は1泊2日で19万6079円。3泊以上で22万8333円。両目ではそれぞれ34万5629円、43万2681円。外来の日帰り手術が最も安く、平均医療費は14万7027円だ。

376億円の削減も

消化器系の手術でも、ばらつきがある。内視鏡で行うことができる大腸のポリープ切除手術は、外来での日帰り手術が主流だ。6割の医療機関は外来で手術をし、残りの4割は入院で対応している。平均入院期間は2・7日だが、1日から8日以上まで ばらつきがある。医療費は平均17万4057円。6万円台から32万円超まで大きく差があった。

分析を担当した同社コンサルタント大田友和氏は、「外来での手術が難しい患者も存在するものの、仮に入院を外来に切り替えた場合を想定して試算すると、医療費削減のインパクトは大きい」と指摘する。例えば、白内障の片目の入院手術をすべて日帰り手術にした場合を試算すると、削減できる医療費は376億円に上る。

病院経営が厳しいほど入院を安易にさせざるをえない。どこの病院で治療を受けるかで、医療費には大きな差が出る。

（医療経済ジャーナリスト・室井一辰）

気づけば「透析漬け」に　人工透析天国ニッポン

「病院は『好きなだけいていい』と言っている、私は病気がいっぱいあるのでかわいがってくれる」。関西に住むトラック運転手の小泉春男さん（40代、仮名）は皮肉を交えて闘病をこう説明する。糖尿病を患ったことから、腎臓病を発症し、3年前から人工透析の治療を受けている。

医師から言われるままに人工透析までたどり着いたように思えるという小泉さん。2010年代の初頭から体に内出血が起きやすくなり、検査の結果、糖尿病と判明した。そこからインスリンの治療を開始。5年後に、糖尿病性網膜症や白内障が判明し、手術を受けた。さらに医師に促されるままに、17年夏から人工透析を開始した。現在は、2日に1回人工透析を受けるため病院に通う日々だ。

小泉さんはほとんど治療費の自己負担がなく、人工透析を受けられている。慢性腎不全のため長期間継続して治療を受ける必要があることから「国民健康保険特定疾病療養受療証」が交付されており、これだけでも透析にかかる自己負担の上限が1万円になるのだが、小泉さんはさらに低い。人工透析は身体障害者1級の申請ができ、小泉さんの住む自治体では、月の自己負担は3000円までだ。1日当たり500円を払えばよい。

しかし、体には大きなハンデを負い、生活も制限されるため自由が利かない。「できるならば人工透析からは脱したいが、腎臓移植で腎臓が治ると医者からはけむたがられるでしょう」。自分が受ける助成のおかげで、病院が儲かっている。そんな気持ちが拭えない。

透析導入は病院の利益に

人工透析は、公的助成により患者の自己負担は少ない。その一方、医療機関は安定的な収入を得られるという構図がある。

日本の人工透析患者は増え続けている。日本透析医学会の統計によると、ここ10年ほどは毎年、約4万人が人工透析を開始している。透析患者のうち毎年3万人強が亡くなっているが、患者は年々増え、2018年には33万9841人に達した。日本の人工透析にかかる医療費は1兆6000億円に上ると推定される。

■ 慢性透析患者数は年々増加

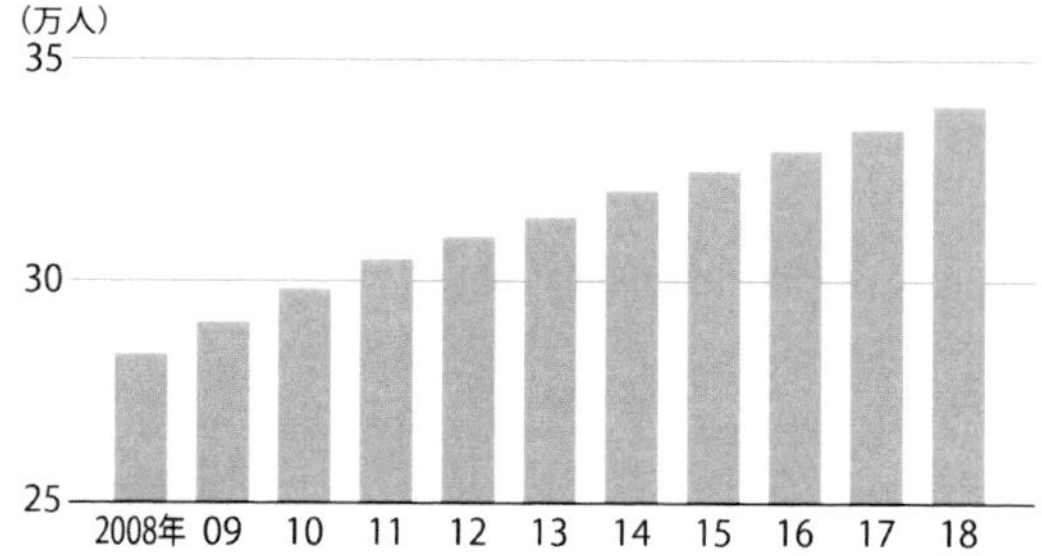

(出所)日本透析医学会

厚生労働省は2018年度の診療報酬改定で透析の医療費を引き下げた。安易に透析を導入する患者が増えている面を踏まえてのことだ。

透析導入を遅らせる医療も充実しつつある。透析の大きな原因である糖尿病の治療では、インスリンの種類が増えているほか、血糖値をより適切にコントロール可能なインスリンポンプなど、まだ高額とはいえ選択肢は増えている。

さらに、腎臓移植の状況も変化の兆しがある。「病気腎移植」あるいは「修復腎移植」と呼ばれる病気の人から摘出した腎臓の移植は、19年に先進医療として認められた。腎移植を選択すれば生活上の制約は緩和される。

投薬にせよ、手術にせよ、患者から積極的に医師に疑問をぶつけ、その必要性を問うべきだと、本誌で海外の「チュージング・ワイズリー」の考え方を紹介した。しかし、日本の現実は、医師の意向に従い治療を進める人が大多数だろう。医療機関と患者との間の共同意思決定である「シェアード・ディシジョン・メイキング」は、患者が納得のいく治療を行うために必要だ。透析をめぐる問題は、その真逆といえる。

（室井一辰）

毎年検診を受けていても進行がん発見

検診を信じていたのに　がん見逃し誤診に要注意

ジャーナリスト・岩澤倫彦

「主人は、毎年欠かさず職場でバリウム検査を受けていました。がん検診はいったい何のためにあるんだろうと思います」

悲しみと静かな怒りを込めて、女性は胃がんで他界した夫のことを語った。40代の若さで、小学生の子供2人を残して亡くなる無念は計り知れない。

命を守るはずのがん検診で、こうした悲劇が繰り返されている。

自治体や職場で実施される対策型検診で国が推奨するのは、肺、胃、大腸、乳房、子宮の5つ。その目的は、あくまで集団全体の死亡率減少である。だから死亡率減少の効果が高いとされるものが推奨される。

多人数を短時間で検査する必要があるので、早くて安い検査が検診の主流だ。しかし、これらは必ずしも精度の高い検査ではない。

■主ながん検査と国の推奨度

	検査	死亡率減少の効果	対策型検診（住民検診など）	任意検診（人間ドックなど）
胃がん	・胃X線	○	推奨する	推奨する
	・胃内視鏡	○	推奨する	推奨する
	・胃がんリスク層別化検診	×	推奨しない	個人の判断で実施可
大腸がん	・便潜血検査	◎	推奨する	推奨する
	・全大腸内視鏡 ・S状結腸内視鏡 ・注腸X線	△	推奨しない	条件付きで実施可
肺がん	・胸部X線 ・喀たん細胞診	○	推奨する	推奨する
	・低線量CT	×	推奨しない	個人の判断で実施可
前立腺がん	・PSA	×	推奨しない	個人の判断で実施可

◎ 証拠が十分ある　○ 相応な証拠がある
△ 証拠はあるが、利益と不利益が同程度
× 証拠が不十分

（出所）厚生労働省の資料を基に本誌作成

例えば、肺がんや胃がん検診で推奨されるX線検査では、がんが2センチメートル前後の大きさにならないと、発見が難しいとされる。早期発見というには微妙な段階だ。

費用はX線検査よりもかかるが、CT（コンピューター断層撮影）や内視鏡検査は、1センチメートルより小さなサイズのがんも発見可能だ。

内視鏡検査は、2015年から胃がん検診として推奨されているが、まだ実施率は低い。

見逃し・見落としは、ヒューマンエラーとシステムの2つが要因だ。集団検診の場合、X線の検査画像を調べる読影作業で、1人分にかける時間は、10秒から20秒。当然、見落としや見逃しが起こるので、ダブルチェックが必要とされているが、実施していない検診機関もいまだにある。

多くの臨床医からは、検診制度の改革の必要性が指摘されてきた。冒頭のような悲劇と日々接しているだけに、死亡率という数字だけを見る検診学者とは危機感が違う。

では、がんで命を落とさない検診とは何か。問題点が多い3つのがん検診についてお伝えしたい。

【肺がん】死角だらけのX線検査

年間7万人以上が命を落とす肺がん。がんの中で、最も死亡者数が多い、手ごわいがんだ。国が推奨する肺がん検診は、胸部X線検査とたんの検査。これを疑問視する専門家は多い。

「X線の肺がん検診は、誤った安心感を与えている。異常なし、とされても全然大丈夫じゃない」

と言うのは、新東京病院副院長の河野匡医師だ。胸腔鏡手術で世界に名の知られる河野医師は、これまで7000人を超える肺がん患者の手術を経験してきた。

「X線画像は心臓、肝臓、肋骨、鎖骨、太い血管などが肺と重なってしまう部分が多い。よほど運がよくないと、1センチメートル程度の助かる大きさでは見つからない」

国立がん研究センター東病院でも、胸部X線画像は肺の3分の1が臓器や骨と重なり、小さながんを見つけるのは困難とする。

2018年、東京・杉並区に住む43歳の女性が肺がんで亡くなった。杉並区の河北健診クリニックで、女性は肺がんX線検診を受けてきたが、14年から実に3回にわたって肺がんを見落とされていたことが判明した。

がんを乳首と誤認し死亡

主な原因は、肺がんを女性の乳首と誤認したことにある。ダブルチェックによってこうしたヒューマンエラーは防げるはずだったが、責任ある読影がされていなかった。

一方、同クリニックの第三者委員会は、「胸部X線検査が肺がんによる死亡率を減少させるという科学的根拠は不十分」として、検診制度を強く批判した。

前出の河野医師は、見落としを防ぐには「死角の少ないCT検査を行うべきだ」と指摘する。

米国の国立がん研究所の研究では、55歳から74歳までのヘビースモーカーを対象に「低線量CT検査」と「胸部X線検査」を比較。その結果、CT検査のほうが、20％死亡率が低いと報告されている。

「低線量CTは、画質が粗いという欠点はあるが、その分、被曝量が少なく、X線検査のような死角がない。本当に肺がんの死亡率を下げるなら、低線量CTに切り替える必要がある」（河野医師）

かつて日本は、結核が蔓延していたことから、1939年に結核予防会が設立され、X線検査の体制が整備された。だが、結核が下火になると、X線検査は肺がん検診に転用され、現在に至るまで制度は見直されていない。

肺がんから命を守りたいなら、低線量CT検査を勧める。

X線検査は死角が多い

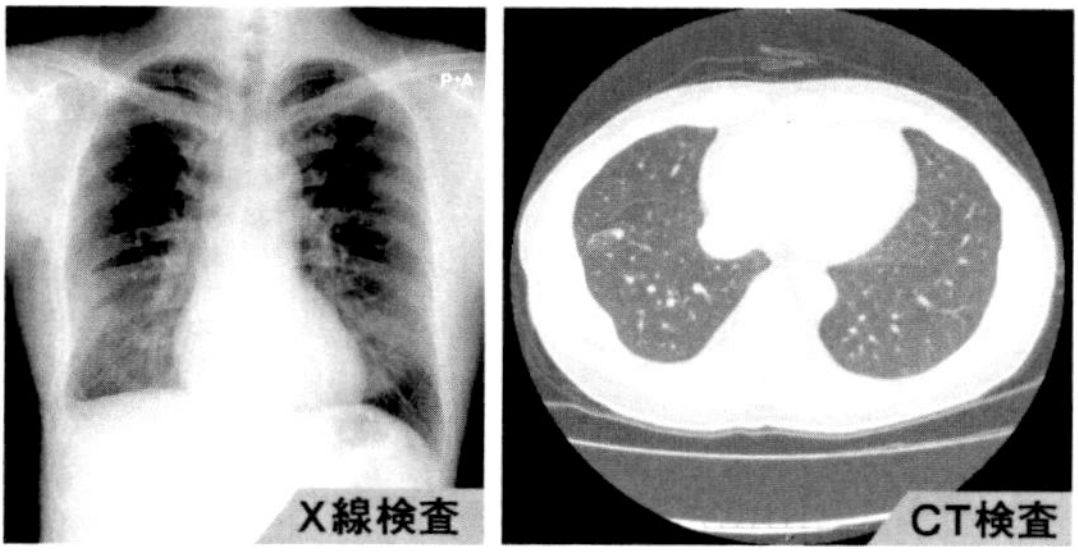

X線検査は死角が多く見逃しが起こる可能性がある。
一方、CT検査は死角が少ない

【胃がん】バリウム検査は必要ない

早期発見が命運を分ける胃がん。5年生存率は1期での94・7％に対して、4期では8・9％と低い。胃がん検診は、バリウム検査が主流だが、見逃しが多く、早期発見の確率も低い。

群馬県健康づくり財団の元専務理事が、バリウム検査で胃がんが発見された人を調査した結果、約3割に見逃しがあった。

石川県成人病予防センターでも、2004年から09年にバリウム検査で発見された進行がん44人を調査したところ、45％が見逃しだったと報告している。

バリウム検査の画像は、X線による「透かし絵」なので、小さな早期がんは見分けづらい。一方、内視鏡検査は、医師が胃の内壁を直接確認するので、小さな早期がんも発見可能だ。

実際、バリウム検査と内視鏡検査を選択できるようになった新潟市では、内視鏡のほうが3倍も胃がんの発見率が高いと判明した。

バリウム検査は、検査自体のリスクもある。検査中は最大45度まで検査台が傾く。胃の内壁にバリウム液を満遍なく行き渡らせるためだが、両腕で体重を支えきれず、転落してしまう事故が多発している。15年には、転落した女性が死亡する事故も起きた。

バリウムが腸内部に固着して、孔が開くケースもある。緊急手術が必要で、人工肛門になった人もいた。18年だけで穿孔事故の報告は80例超。過去に敗血症性ショックで死亡した人も出ている。

被曝のリスクも高い。バリウム検査は、約3分間の撮影中はX線を当て続ける。そのため、肺がんX線検査より約40倍以上も被曝量が多いのだ。

ピロリ検査が有効

北海道医療大学学長の浅香正博医師によると、「胃がんの99%が、ピロリ菌の感染者」。つまり、ピロリ菌に感染していない人が、胃がん検診を受ける必要性は低い。

そこで考案されたのが「リスク層別化検診」（通称ＡＢＣ検診）だ。ピロリ菌の感染有無などからリスク別にグループ分けし、リスクに応じた頻度で、内視鏡検査を行う。リスク検診を導入した東京・目黒区では、胃がん発見率がバリウム検査の４・３倍、検診費用の単価は3分の1に抑えられた。

大手企業でも、リスク検診の導入が進んでいる。神戸製鋼所では、バリウム検査の胃がん発見数は例年数人程度だったが、リスク検診を導入した年は３１人に上った（対象は６７７７人）。

国は、死亡率減少効果が証明されていないことを理由にリスク検診を推奨していないが、ピロリ菌検査は早い時期に受けておくことを強くお勧めしたい。

【大腸がん】便潜血法でも見逃し

大腸に発生したがんに、便が接触すると出血が起こる。これを検知して、精密検査につなげるのが便潜血法だ。国が対策型検診として推奨しているが、検査の感度は決して高くない。

ありがちな誤解が、「今年は異常なしだったから、数年は検査の間隔を開けよう」という考え方だ。便潜血法は、毎年受診しなければ、進行がんで発見されるリスクがある。陽性反応が出たら黄信号だ。

大腸がんの多くは、進行スピードがゆっくりだといわれる。検査の感度が低い便潜血法でも、毎年受けることで見逃しやすすり抜けを最小限にとどめられるという。

大腸がん治療の専門家・都立駒込病院の小泉浩一医師（消化器内科部長）は次のように解説する。

「便潜血法の利点は安い、リスクがないということ。集団の死亡率を下げる目的としては最も有効な手段だ。直腸がん、S状結腸がん、肛門に近い所は高い確率で、便潜血法は陽性になる。ただし、小腸に近い右側の大腸は、進行がんになっていても、便潜血法では陰性となることも少なくない」

小泉医師は、40歳を過ぎたら任意型検診である大腸内視鏡検査を一度は受けることを勧める。がんに進行するポリープがないか確認し、ポリープがあれば5年に一度程度、内視鏡検査を継続する。

肛門から内視鏡を挿入される内視鏡検査には、抵抗感を持つ人も多いだろう。その場合、ほかの選択肢もある。小型カメラを搭載したカプセルを口から飲み込むカプセル内視鏡である。体に負担が少なく、内視鏡も届かない小腸まで確認できるメリットもある。

対策型検診は、集団全体の死亡率を低下させるというエビデンスはある。しかし、各個人の死亡を回避できるかという点から見ると、脆弱だ。自分の命を守るには、最適な検査方法を自ら選ぶことが必要だろう。

岩澤倫彦（いわさわ・みちひこ）
報道番組ディレクターとして「血液製剤のC型肝炎ウイルス混入」をスクープ。新聞協会賞、米・ピーボディ賞。2020年4月に『やってはいけない　がん治療』を出版。

〝ステージ０〟で発見する最新検査

生存率の低い膵臓がんに光

「膵臓（すいぞう）がんの患者を診るのは、敗戦処理の投手」とある医師が言った。膵臓がんステージ4の5年生存率はわずか1・5％だ。

手の施しようがなかった膵臓がん治療に、いまブレークスルーが起きている。それは、「超音波内視鏡検査」によって微小な膵臓がんを早期発見する、新たな取り組みだ。がん・感染症センター東京都立駒込病院。膵臓がん治療の第一人者・菊山正隆医師（消化器内科部長）の元に、海外の医師たちが超音波内視鏡検査の診断技術を学ぶために訪れている。

モニターを見ながら、菊山医師は超音波内視鏡を胃の先にある十二指腸まで入れていく。そして、別のモニターの画像を注視しながら、超音波のスイッチを入れる。すると、断層像の影が浮かび上がった。およそ20センチメートルの膵臓である。

菊山医師は、膵臓の中の5ミリメートルに満たない病変を超音波で探り当てた。そして穿刺針（せんしし ん）を差し込み、細胞を採取する。これが、いま確実に膵臓がんを早期診断する方法だという。

さらに、超音波内視鏡で膵臓の中心を通る膵管の変化を突き止めることで、早期のがんを診断できる。

「膵臓がんは、直径1ミリメートル程度の膵管の粘膜内に発生する。新たに開発された膵液の細胞診の手段で、がんであるか診断できる確率は約9割。膵管内にとどまっている〝ステージ0〟で発見できれば、外科手術で摘出して、100％に近い確率で完治できる」

膵臓がんのステージ1は、がんの大きさが「2センチメートル以下」の分類だ。その段階で発見しても、5年生存率は約40％しかない。進行が早く、肝臓などに転移しやすいからだ。

「CT検査で写る膵臓がんの大半が、2センチメートル以上の進行がん。この検査だけでは、すでに肝臓に転移した状況での診断になりかねない。それでは患者を助けられない」

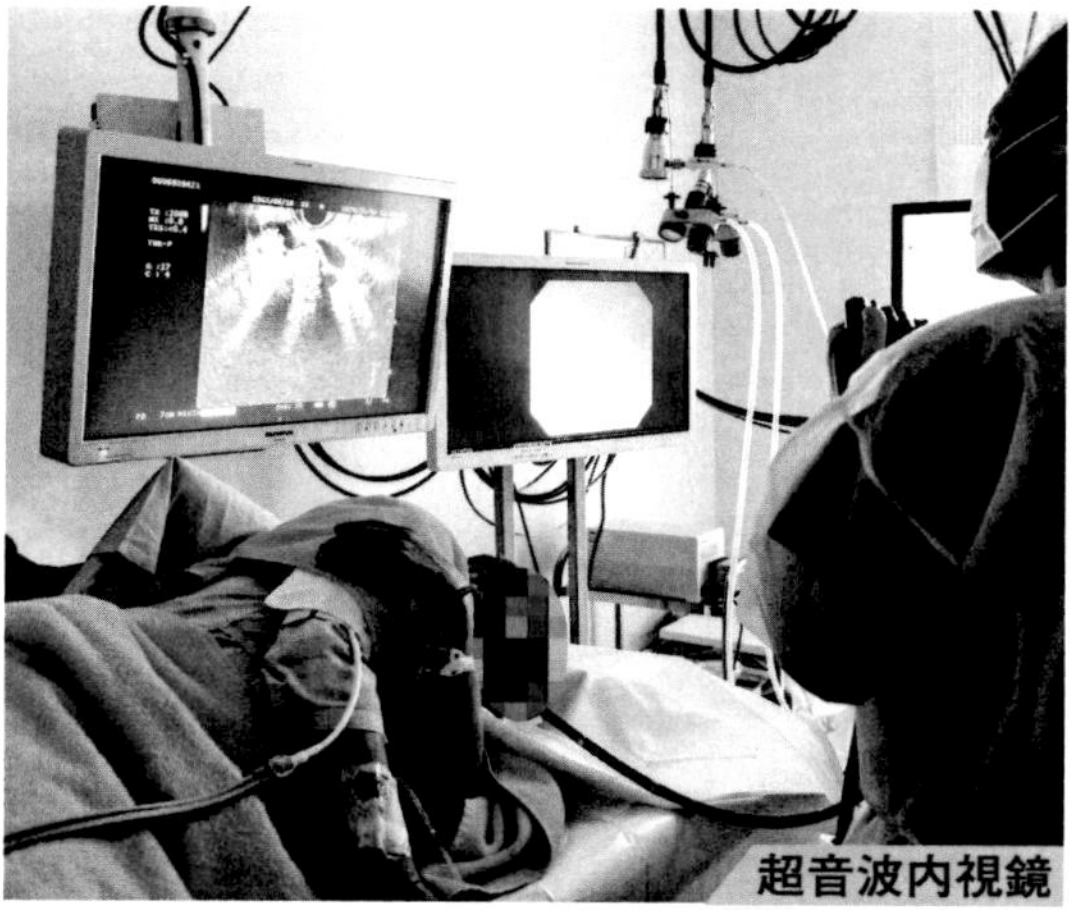

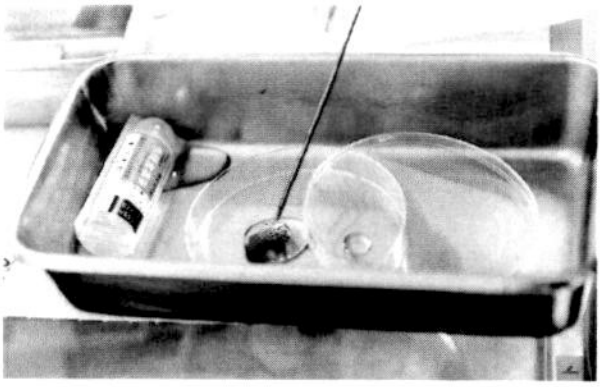

写真上、右のモニターを見ながら、超音波内視鏡を十二指腸まで入れていく。左のモニターには膵臓の様子が映る。左の写真は採取した病変の細胞

5年生存率が3倍に

菊山医師は同志であるJA尾道総合病院の花田敬士医師とともに「膵癌早期診断研究会」を立ち上げ、ステージ0で膵臓がんを発見する取り組みを始めた。しかし、周囲の反発も大きかった。

「膵管の粘膜内にがんを見つけるのは無理だと、医師たちが思い込んでいたからだ」

2007年、花田医師は、広島県尾道市で「膵臓がん早期発見プロジェクト」を起こした。「尾道市医師会と連携して、膵臓がんのリスクが高い患者（膵炎、糖尿病、家族に膵臓がん患者がいるなど）に、超音波内視鏡検査を勧めてもらった」（花田医師）。

その結果、10年間で555人から膵臓がんを発見。花田医師の病院の膵臓がん5年生存率は、7%から20%へと約3倍まで向上した。

同様の取り組みは、大阪市北区、熊本市、鹿児島市などで進められている。ただし、超音波内視鏡検査の普及率は低い。実施しているのは、同研究会の医師らが所属する全国15施設しかない。操作が難しいうえに、画像を読み取る高い診断能力が必要だからだ。東京の基幹病院でさえ、導入は限られている。「大きな障害は、膵臓がんの早期発見を最初から諦めている医者の意識。CTやMRI(磁気共鳴断層撮影)検査ではステージ0の膵臓がんを発見できない」

膵炎や糖尿病患者など膵臓がんリスクの高い人にとっては、超音波内視鏡検査の普及が望まれる。

(ジャーナリスト・岩澤倫彦)

自由診療で「やりたい放題」 民間がん免疫療法の真相

日本の医療には、治外法権というべき闇がある。それは自由診療による「がん免疫療法」だ。ＥＢＭ（根拠に基づく医療）が現代の常識だが、全国３００以上の民間クリニックなどで実施されている「免疫療法」に、臨床試験で有効性が証明されたものはない。それなのに多額の費用を請求する。

自由診療の「免疫療法」にはさまざまな種類があるが、大半が患者の血液からリンパ球を分離、培養した免疫細胞を再び患者に戻して治療する。一方、ノーベル賞を受けた本庶佑氏（京大特別教授）による、免疫チェックポイント阻害剤・オプジーボは作用機序（メカニズム）がまったく異なる。がん細胞は免疫細胞の働きを制限する作用で自らを守っている。オプジーボはその制限を解除して、がんを治療する。

都内のあるクリニックで行われている免疫療法は、1クール（治療期間の単位）の治療に約450万円。これに、がんのステージを掛けると医師は説明する。ステージ4の患者なら1800万円になる計算だ。ただし計算式に明確な根拠はないし、効く保証もない。

がん専門病院・米テキサス大学MDアンダーソンがんセンターの上野直人教授は、こう指摘する。

「有効性が明確ではない治療は、臨床試験として、患者の費用負担なし（注：費用負担がないのは臨床試験で行う治療の範囲のみ）で行うのが世界の常識。米国でエビデンス（科学的根拠）のない自由診療の免疫療法と同じようなことをしたら、すぐに訴えられてしまうだろう」

ではなぜ日本ではEBMに程遠い免疫療法が横行しているのか？

保険診療には厚生労働省などの厳しいチェックの目が入るが、自由診療は医師の裁量権が盾になり、ほとんど責任を問われないからだ。

治療費の大半を返還

3年前、早期乳がんが見つかり、手術した女性は、免疫療法を受けた経緯を振り返る。

「私の乳がんは再発しやすいタイプなので抗がん剤治療が必要、と手術を執刀した外科医から言われました。でも、手術を受けてから疲れやすくなっていましたし、自分の体が抗がん剤でやられてしまうんじゃないかと思うと、怖くなりました」

治療を先延ばしするうち、外科医は不機嫌な態度を見せるようになった。そこで女性の夫がインターネットで情報収集を始めると、理想的な治療法が見つかった。副作用がなくて、各患者に合ったオーダーメイドの免疫療法である。

「連絡すると、早速いらっしゃいというから、飛んでいきました。私たちは医療の素人なので、わらをもつかむ心境です」（女性の夫）

夫婦で東京駅に近い「アスゲンがんクリニック」を訪ねた。当時、女性は手術の傷痕を見られないほど精神的に参っていた。それを察したのか、院長の女医は優しく迎えてくれた。
「本当に親身になって話を聞いてくれました。この人なら信用できると感じて、免疫治療を始めました」（女性）
このクリニック独自の「ネオアンチゲン免疫治療」は約1時間かけて点滴を注入する。5回ほど通って、費用の総額は約310万円だった。「これだけ高いから、効くだろうという感覚になりましたよ。待合室には、いつも患者がたくさんいました」（女性の夫）。
治療はその後も続いた。がんの再発を予防すると言われ、「アポトーゼMD（医薬品）」と称する散剤を1日3回、継続して服用するように指示されたのだという。
「1カ月分で約10万円。中身は何ですかと聞くと、ゼオライトですって。体中に散らばっているがん細胞を、ゼオライトが取り込むと説明されました」（女性）
東京大学薬学部の小野俊介准教授に、このゼオライトについて確認してもらった。
「ゼオライトを主成分とする医薬品は、過去には承認されていないようだ。現在も、臨床試験で候補物質に挙がっている様子はない。がん治療として承認された医薬品、と誤解される状態で販売されているとすれば相当に重大な問題」

このクリニックに、筆者は以前から不信感を抱いていた。がん関連の検索をすると、必ず上位に表示され、リスティング広告（検索キーワードに応じて登場する広告）の露出度も極めて高い。

さらに問題なのは、「とりわけ乳がん患者様の著効症例を多く有しています」と表記していたことだ。クリニックでは、「肺がん」「膵臓がん」など多くのがん種で同じ文言を連ねているが、医師は院長1人。専門性が高い、と誤解させる狙いが透けて見える。

このクリニックに通院を始めて半年余り。前出の女性は地元の病院でせき止めの漢方薬を処方してもらう際、あのアポトーゼMDを服用中であると医師に申告した。

「先生に笑われました。そんなもの効くわけがないと。私は効いていると思っていましたが。がん専門医のところに一度行きなさいと言われて、日本医科大学の勝俣範之教授を紹介されました」

勝俣教授は、女性が受けた免疫治療は科学的な根拠がないので、効果はないだろうと指摘した。だが、女性の夫は腑に落ちない。医者が患者をだますとは思えなかったのだ。そこで女医に連絡し、勝俣教授を納得させる論文などのエビデンスを提示してほしいと頼んだ。

しかし届くのは患者向けの資料のみ。そして、「効かない、というのは名誉毀損。今後の連絡は弁護士が対応する」という通告を受けて夫は悟った。「これは本当に効かない治療なんだと、ようやくわかりました」。

女性は「費用の払い戻しはできません」という条項が入った契約書にサインをしていたが、弁護士の交渉によって治療費の大半は返還された。

医療問題に詳しい植木琢弁護士は、がんの自由診療におけるポイントを解説してくれた。

「消費者契約法には、重要事項について事実と異なることを告げた場合等には、その契約を取り消すことができるという条項がある。さらに『治った人たちがいます』と説明して契約するのは、エビデンスが乏しい医療の場合、医師の説明義務が通常の場合よりも加重される」

つまり自由診療といえども、科学的な根拠や妥当性の説明がないまま契約書にサインした場合、治療費を取り戻せる可能性があるのだ。やりたい放題だった自由診療の医師たちは、今後は枕を高くして寝られないだろう。

2020年になってこのクリニックはウェブサイトを閉め、2月いっぱいで閉院すると患者に伝えた。院長は取材に応じず、代理人の弁護士が次のように回答した。「医薬品は院内調剤として、何ら違法ではなく不当でもない」。

湘南メディカルの勧誘法

「うちの治療を受けていただければ、8割の人に必ず何かいい効果があります。73%のがんを縮小させた。副作用も少ない。1クールやって、1カ月後にがんが消える人が多いですね」

医師の言葉に耳を疑った。進行がんの患者を対象にした治療としては、驚異的な数字である。テレビCMなど積極的な広告戦略で、全国100を超えるクリニックを擁するまでに成長した、湘南美容外科グループ。5年前からは、がん治療の分野に進出しているが、「危うさ」が際立っている。

冒頭の発言は、同グループの湘南メディカルクリニックの患者向け説明会でのものだ。独自の治療法であるオプジーボとヤーボイという2つの免疫チェックポイント阻害剤と、免疫細胞療法の併用療法を、少なくとも1クール行った患者171人のデータだという。提供された資料にも、「73%の奏効率」とある。前述の勝俣教授に見解を聞いた。

「オプジーボとヤーボイの併用療法として最も高い奏効率は、皮膚がんの一種・悪性黒色腫の57・6%だ（出典：N Engl J Med. 2015 Jul 2;373(1):23-34. doi: 10.1056/NEJMoa1504030. Epub 2015 May 31.）。奏効率73%はこれを大きく上回る数値だが、論文として公表されていない。つまり専門家の検証を受けていないので、医学的な信頼性はほとんどない。その数値を患者に向けて発信するのは誇大広告に等しいのでは」

湘南メディカルは、独自の治療法が注目を集めて、累計1784人の患者を診てきたとしている。

ただし、その治療内容に多くの専門家が危惧を抱いている。具体的に問題点を指摘してみよう。

【問題①】少量投与

オプジーボは「1回240ミリグラム」を2週間おきに点滴投与することが、添付文書で指定されている。これに対して、湘南メディカルの投与量は「1回20ミリグラム」。定められた用量の実に12分の1でしかない。

湘南メディカル・両国院の院長は、説明会でこう述べている。

「オプジーボ1回の量が少ないなと思われるのは当然ですけど、1回を少量にして多分これが副作用にはいいんじゃないかなと。うち独自のやり方でやっています」

だが、オプジーボの第1相臨床試験では、20ミリグラムの投与量で効果がない、という結果が出ている。少量投与では血中濃度が低すぎて、がんに作用しなかったのだ。湘南メディカルの場合、ヤーボイや免疫細胞療法と併用している点が異なる。湘南メディカルは取材に対して「第21回日本がん免疫学会等で症例発表して大学教授らの賛同を得た」と回答した。

同学会の評議員を務める昭和大学腫瘍内科・角田卓也主任教授は、発表の場にいたという。

「私は湘南メディカルの少量投与に疑問を持ち、演者の医師に質問したが、医学的に妥当な回答は返ってこなかった。私たち専門家が賛同した事実はない」

当初は高額だったオプジーボの薬価は100ミリグラム＝約17万円に下がった。20ミリグラムでは約3・4万円。湘南メディカルは1回20ミリグラムの投与で約17万円。割高感は否めない。

【問題②】不十分な安全性対策

オプジーボは、約2割の患者に高い効果がある反面、重い副作用も出ている。承認後約2年間で63人の死亡が報告され、厚労省は安全対策を講じた。小野薬品工業に対して、「がん薬物療法専門医」の在籍、CT（コンピューター断層撮影）検査体制、24時間の救急対応など5要件をすべて満たした施設に、オプジーボの販売を実質的に限定したのである。

湘南メディカルの医師は、要件が定める専門医の資格を持たないし、施設条件も合致しない。ではなぜオプジーボを使用できるのか？　取材に対して湘南メディカルの広報は「医師の裁量権の下、米国製の薬剤を医師個人で輸入している」と回答した。

実は同様の方法で、ほかのクリニックも自由診療でオプジーボを使用している。オプジーボと自由診療の免疫細胞療法を同時に受けた患者が、死亡するケースも起きている。日本臨床腫瘍学会は「個人輸入した免疫チェックポイント阻害薬を投与したが、副作用に適切に対処できていない施設がある」と警告した。

2019年7月、湘南メディカルでオプジーボを投与された患者が、下垂体機能低下症という重い副作用を起こした。湘南メディカルでは対応できないので、自宅から総合病院に救急搬送された。一命は取り留めたが、ショックで死に至る可能性もあったという。

2020年1月、湘南メディカルの患者向け説明会では、この事例にいっさい触れず、院長はこう述べた。

「主治医には何も言わずに（湘南メディカルの治療を）受けている方もいる。そこは心配されなくてもいい」

【問題③】画像での患者誘導

2018年の医療法改正で、治療前後のCT画像などをウェブサイトに掲載するのは原則禁止になった。治療の成功例だけを見せられると、同じ結果になると患者が誤解する可能性が高く、画像の加工や偽造が簡単にできることなどが理由だ。

しかし、一部のクリニックは現在でも症例画像を掲載している。次の画像は、湘南メディカルのインスタグラム。実は治療のリスクや費用などの情報が入っていれば、掲載を認める「限定解除」の特例が設けられていたのだ。

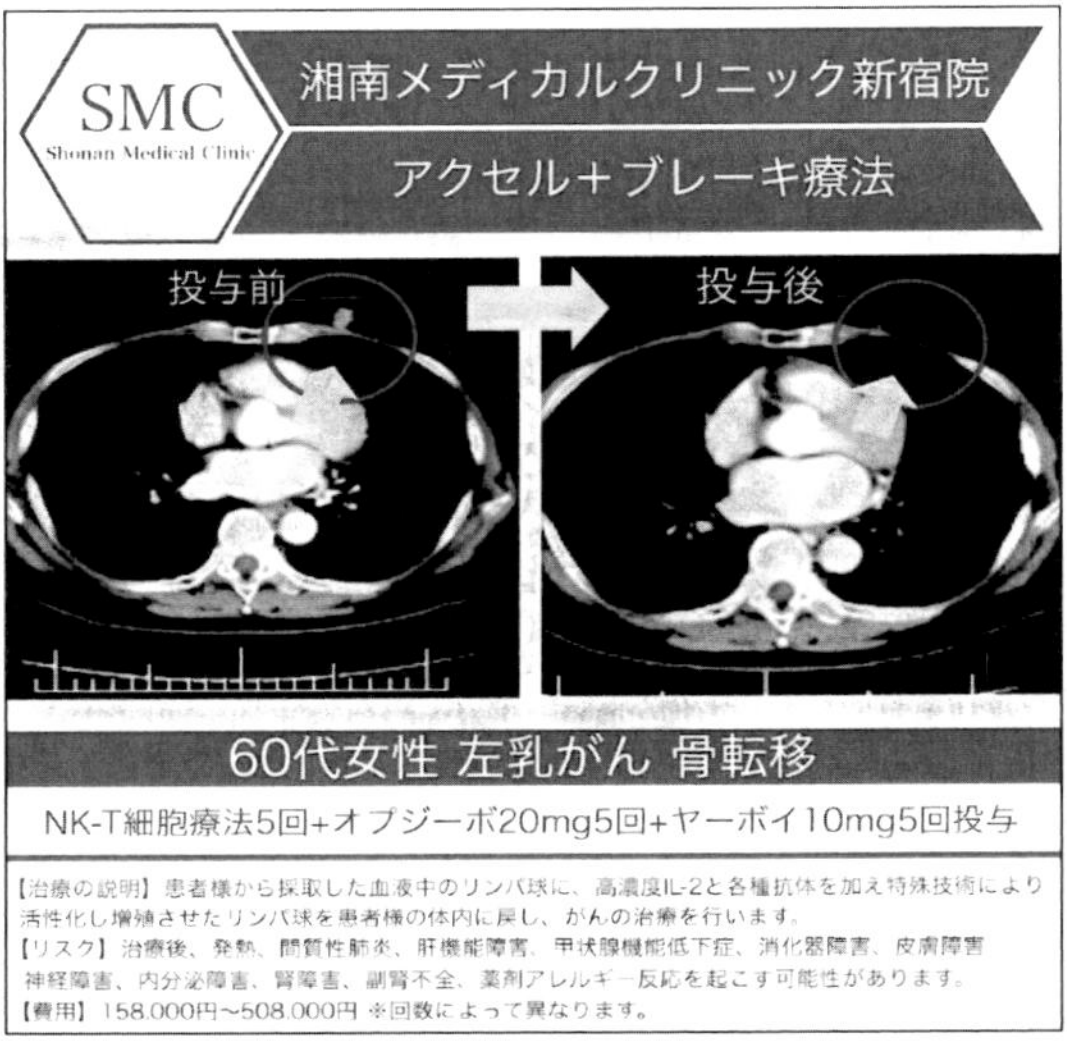
SMC
Shonan Medical Clinic
湘南メディカルクリニック新宿院
アクセル＋ブレーキ療法
投与前
投与後
60代女性 左乳がん 骨転移
NK-T細胞療法5回+オプジーボ20mg5回+ヤーボイ10mg5回投与
【治療の説明】患者様から採取した血液中のリンパ球に、高濃度IL-2と各種抗体を加え特殊技術により活性化し増殖させたリンパ球を患者様の体内に戻し、がんの治療を行います。
【リスク】治療後、発熱、間質性肺炎、肝機能障害、甲状腺機能低下症、消化器障害、皮膚障害
神経障害、内分泌障害、腎障害、副腎不全、薬剤アレルギー反応を起こす可能性があります。
【費用】158,000円～508,000円 ※回数によって異なります。

厚労省・医療情報の提供内容等のあり方に関する検討会の委員に加わり、「限定解除」を主張したのが元検事で、湘南メディカルの顧問を務める木川和広弁護士。筆者は木川弁護士に利益相反を指摘したが、「規制側と規制される側、両方を知る立場で参画した」と答えた。

厚労省の医療機関ネットパトロール評価委員だった中川素充弁護士は、疑問を呈する。

「一般的に考えて、規制される側の弁護士がルールの議論に関わるのは、公正中立な立場とはいいがたい。限定解除によって、改正医療法は骨抜きになってしまった。症例画像を原則禁止にした原点に帰って、もう一度議論すべき」

2分の1の確率で、がんになる時代。その日はいつか私たちにも訪れるだろう。最期に後悔しないために正しいがん治療を見極めたい。

（ジャーナリスト・岩澤倫彦）

患者は正しい情報の収集を

国立がん研究センター　がん対策情報センター長・若尾文彦

ネットで「〇〇がん」「治療」で検索をすると、がん免疫療法を行う病院やクリニックの広告が上位に現れる。私は、これでは正しい情報が患者に届けられないと危惧している。

ヤフーと連携し、国立がん研究センターの「がん情報サービス」が広告より上位に掲載されるようになったが、まだ十分とはいえない。さらにユーチューブにはがん治療の正しい情報が少なく、動画検索は要注意だ。

国立大学の中には、学内の研究施設内や大学の敷地を貸した医療法人において、効果が明らかでない免疫療法を自由診療で行っている所がある。これは患者さんに誤解を与える。標準治療という、科学的に裏付けられ公的保険が使える治療法があるのに、がん患者、とりわけ難治がんの患者は高額な免疫療法に誘導され、治療の機会を逸しかねない。

がん免疫療法にだまされる人は、インテリジェンスがあまり高くないイメージがあるかもしれない。しかし実際は逆で、社会的な地位があったり、高学歴の人がだまされている。賢い人は自分でネット情報を検索して、自らの考えに合った情報を集めてしまう。情報リテラシーに自信があり、自分の選択に誤りはないと思い込みがちだ。

民間のがん免疫療法は、適正な手続きを経た臨床試験を行ったうえで査読付きの医学誌で報告されることが、ほとんどない。第三者の批判に耐えられないことがわかっているのだろう。本当に治療実績が優れているのであれば、科学的な検証に基づく論文を公表し、世の中に普及させるべきだと考える。

若尾文彦（わかお・ふみひこ）
1961年生まれ。横浜市立大学医卒。信頼できる、わかりやすいがん情報の発信に取り組む。

理由なき4年間の強制入院　42歳女性が味わった地獄

「緊急の帝王切開で手術室に入り、出てきたときには卵管結紮（けっさつ）されていました。自分のまったく知らないところで不妊手術をされていたと聞いたときはショックでした」。2020年1月30日、日本弁護士連合会に人権救済の申立書を提出した米田恵子さん（42）は、その心中を吐露した。

申し立ては旧優生保護法下での強制不妊手術の救済策が議論される一方、条項の削除後も、精神障害者などに不妊手術が行われている実態を告発するものだ。

米田さんはごく最近まで、精神科病院に長期入院していた。最後の子どもを分娩し不妊手術が実施されてから1年後の2016年2月に入院し、その後院内での生活はおよそ4年間にわたった。

日本では精神疾患により医療機関にかかっている患者数は400万人を超えている。そして精神病床への入院患者数は約28万人と高止まりを続けている。精神病床は約34万床あり、世界の5分の1を占めるとされる（数字は17年時点）。だが、一般病床とは異なり、閉鎖病棟が多い精神病床の内実が表に出ることはまれだ。彼女はなぜ長期入院を余儀なくされ、そしてどのような生活を送っていたのだろうか。

薬物治療はいっさいなし

世間では正月休みが明けたばかりの、20年1月6日午前10時。米田さんは東京都八王子市にある精神科病院「多摩病院」から退院した。

「日常のささいなことがすごく幸せです」。退院から10日ほど経った1月半ば。取材に応じた米田さんは、そう笑顔で話した。病院では週に1度しか食べられなかった好物の麺類を好きなときに食べたり、少し夜更かしをしてテレビを見たりすることに、幸せを覚える日々だという。「何よりの幸せは、家族や友人と自由に連絡が取れることです」。

「今のほうが本当は夢で、目が覚めたらやっぱり現実は閉鎖病棟内のままだった、と想像すると、怖くなって泣き出しそうになります。入院しているときは二度とここから出られないと思ったこともありましたから」

米田さんはそう振り返った後、語気を強める。「この4年間、家族とは面会はおろか、声を聞くことすらかないませんでした。入院当時、中学1年生だった次男は今では高校生。すっかり声変わりしていて成長がうれしい反面、一緒にいられなかった悲しみもあります。人生の貴重な時間を奪った病院のことは、決して許せません」。

入院前年の15年、彼女にとってショッキングな出来事が相次いだ。1月には卵管結紮に加え、生まれたばかりの五女が、続いて9月には三女が、八王子児童相談所に保護されていった。米田さんがうつ傾向にあり、一時パニック障害を生じ通院していたことから養育が難しいと判断されたとみられる。以来、精神的に追い詰められ、精神安定剤などをオーバードーズ（大量服薬）したことで、多摩病院へ入院することになった。

主治医が米田さんに付けた診断名は「パーソナリティー障害」。4年間のほとんどを、4人の相部屋の病室で過ごした。うち2人が統合失調症で夜中に大声を上げることも多く、不眠に悩まされていた。状況を主治医に訴え睡眠薬の処方を依頼したところ、「あなたは病気ではないから、薬は出さない」と言われたという。

実際、彼女が入院中に服薬していたのは鉄剤と耳鳴りの漢方薬だけ。向精神薬等の薬物治療は4年間いっさい受けておらず、一般的な作業療法以外の治療プログラムもとくになかった。看護師たちからも「米ちゃん、何でここにいるの」と不思議がられたという。

「面談した主治医からは、彼女には薬物治療も治療プログラムもないとはっきり言われ、ではなぜ退院できないのかと尋ねたら、『この人は操作的なんです』『人を支配しようとする』と。これではまったく話にならないと感じた」。米田さんの退院を支援してきた、佐々木信夫弁護士は振り返る。

閉鎖病棟内の生活において制約は多岐にわたるが、最もつらかったのが、この4年の間、ほとんど外部と連絡が取れなかったことだ。主治医の指示で、友人・知人はおろか、子どもや親族とも一切の面会、そして通話すらできなかった。メールやSNSでのやり取りもできず、許された外部との通信手段は手紙だけだった。

薬物治療も特別な治療プログラムもない中での長期入院、家族との面会すら不許可など厳しい行動制限の理由と真意について、多摩病院に取材を申し込んだところ、持田政彦院長名で書面回答が届いた。「弊院に入院されていた患者様の件について取材のご依頼を頂きました。しかしながら、弊院では取材はお受けしておりませんので対応できかねます」。

「医療保護入院」の闇

米田さんは入院当初はすぐに退院できるものだと思っていたという。ところが、入院から数カ月後に院内の関係者間で開かれた「退院支援委員会」に出席した彼女は、主治医の言葉に耳を疑った。「何でも自分の思うとおりになると思わないでください。私はあなたのことを信用していません」。

後日、手元に届いた通知には、退院の見通しが立つまで、まだ1年近くかかると記されていた。思った以上に長い入院計画に驚いたのは、当初入院に同意した米田さんの妹も同様だった。「せいぜい1～2カ月だろうと思ったのでサインしたのに、まさかこんなに長くなるとは思わなかった」。

「精神科に入院している場合、まず弁護士につながることが非常に難しい。今回弁護士が介入しても、病院側は『社会に迷惑をかける』などと極めて抽象的で法的根拠のない理由を繰り返し、なかなか退院に向けた話が進まなかった」。佐々木弁護士とともに米田さんを支援した佐藤暁子弁護士は、病院側とのやり取りを振り返る。

妹や弁護士のバックアップがあったにもかかわらず、米田さんが4年近くも入院を余儀なくされた背景にあるのが、精神科特有の入院制度、「医療保護入院」だ。

医療保護入院は、精神保健福祉法が定める強制入院の1つ。本人が入院に同意しない場合に、家族など1人の同意に加え、同じく1人の精神保健指定医の診断があれば、強制入院させられる。

自由の制約という点では同じ刑事事件の場合、逮捕・勾留には現行犯以外は令状が必要で、その発行には裁判所の判断が介在するが、医療保護入院にはない。

　また同じ強制入院でも自傷や他害のおそれがある場合に適用される「措置入院」は、2人の指定医の診断を受け、都道府県知事が入院を決める制度だ。複数の医師と行政が介在することで、ある程度は第三者の視点が入りやすいが、医療保護入院にはそれもない。

　つまり、医療保護入院はある人を入院させたいと考える側にとって極めて使い勝手のよい制度で、実際その件数は年々増加している。厚生労働省によれば、18年度の医療保護入院の届け出数は18・7万件（「衛生行政報告例」）。6万件前後で推移した1990年代前半と比べ、3倍超に膨らんでいる。

　さらに家族1人の同意が必要というのも、入院する時点に限ってのものだ。いったん入院してしまったら、その後家族が同意を撤回しても、入院継続の判断はあくまで指定医に委ねられることになる。米田さんのケースでも、妹が退院を求めても、なかなか出られなかったのはそのためだ。

　医療保護入院の仕組みは、精神保健指定医の判断の正当性が前提となっているが、同資格をめぐっては数年前に制度の根幹を揺るがすような不祥事が起きている。

2015年、聖マリアンナ医科大学病院で、組織的な指定医の不正取得が発覚した。その後の厚労省の全国調査で100人強の不正が認定され、その多くが指定取り消し処分に加え、戒告・業務停止などの行政処分を受けることとなった。

入院後に患者や家族が、第三者機関である精神医療審査会に対して、退院請求や処遇改善請求を行う制度もあるが、「形骸化している」と関係者は口をそろえる。実際、東京都の精神医療審査会が18年度の退院請求審査206件のうち、退院を認めたのは実に1件。もはや「開かずの扉」だ。

この医療保護入院とセットで用いられることが多く、精神科病院で同様に増えているのが、患者への身体拘束だ。10年間でその件数は急増している。

■ 右肩上がりの医療保護入院 ―医療保護入院届け出数―

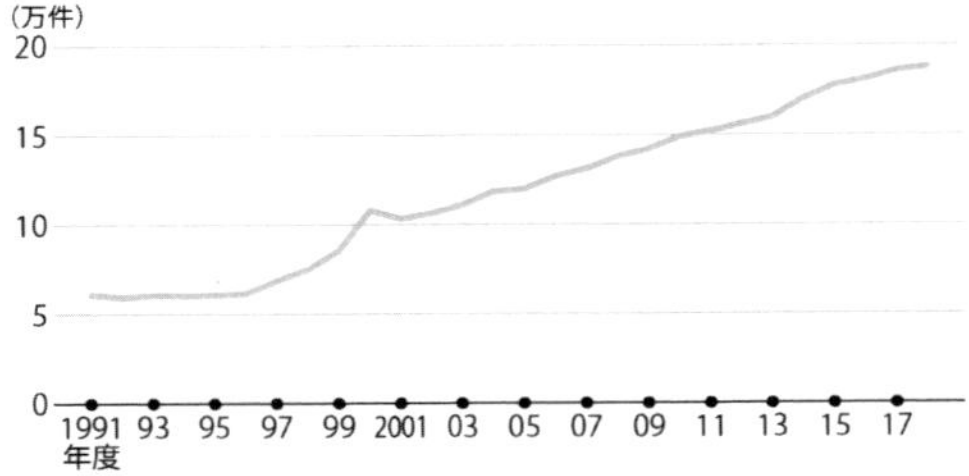

(注)2013年度以前の医療保護入院では保護者として選任されていない扶養義務者の同意による4週間に限った入院制度があったが、この制度による入院者数は計上していない　(出所)厚生労働省「衛生行政報告例」

■ 身体拘束は10年で倍増
―身体拘束を行っている患者数―

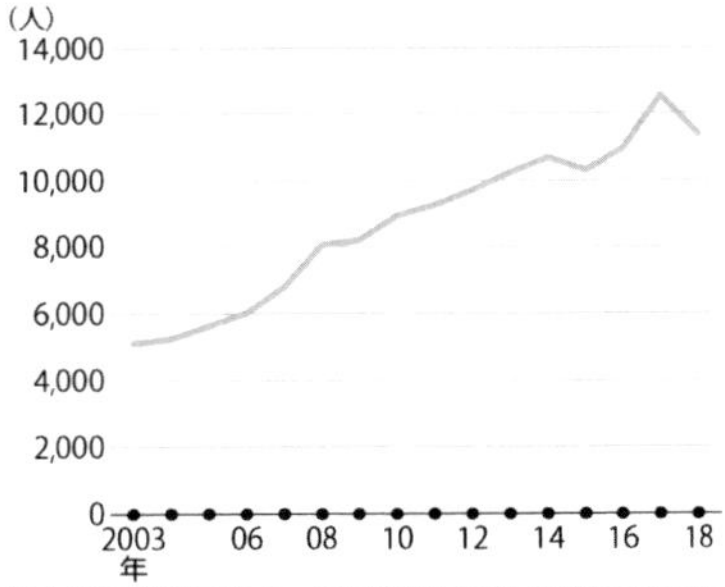

(注)各年6月30日時点　(出所)厚生労働省調査を基に杏林大学の長谷川利夫教授作成

有無を言わせぬ身体拘束

「身体拘束をされて隔離室に入れられていたときは、閉塞感と圧迫感で絶望的な気持ちになった」。埼玉県在住の30代男性は、精神科病院への入院体験を振り返る。

男性はいじめによる強迫性障害が原因で、高校1年から引きこもり状態となった。20代後半となったある日、寝ている間に父親と親戚など5人前後の男性に養生テープで簀巻きにされ、そのまま車で都内の大学病院へと搬送された。

隔離室でテープは剥がされたものの、搬送時に口中に砂が入り服薬をためらっていると、指定医に投薬拒否と判断され、室内のベッドにそのまま拘束された。

万歳した状態で、手首、足首、そして腹部を拘束されると、「寝返りを打てないどころか、まったく身動きが取れない」(男性)。投薬、食事とも経鼻経管で行われた。

拘束中はトイレにも行かせてもらえず、用便はおむつでの対応を余儀なくされた。「交換は1日2回と決められており、隔離室前を通る看護師に交換をお願いしても無視され続けた」(男性)という。

男性は退院後に大検に合格し、今は通信制の大学で学び、福祉系の資格を取得して働こうと考えている。フルタイムで事務職のアルバイトもしている。

ただ、当時の体験は確実にトラウマとなっていると振り返る。「今でも隔離室でされたことは拷問に等しい犯罪行為だと思っている」。

男性の経験は決して特異なケースではない。精神科への救急入院時に、身体拘束と点滴治療のセットで患者を鎮静させることは、「多くの精神科病院でルーチンとされている」(複数の医師)のが実情。だが、そうした有無を言わせぬ治療を受けた患者が、この男性同様、病院や医師に不信感を抱くことはむしろ当然だ。

日本では戦後まで長らく、精神障害者を家族が自宅の座敷牢に閉じ込める「私宅監置」が行われてきた。精神科病院がそれに代わり、隔離場所としての役割を今後も果たすのだとしたら、偏見と差別を助長する存在だと見られかねない。

(風間直樹、井艸恵美)

INTERVIEW

身体拘束の最小化を目指す

東京都立松沢病院　院長・齋藤正彦

日本の精神医療の草分け的存在である、東京都立松沢病院が身体拘束や非自発的入院を最小化するなどの改革を進めている。その狙いを齋藤正彦院長に聞いた。

——院長就任時には2割弱あった患者の身体拘束率が、今は約3％まで減りました。

前に院長をしていた病院は、松沢に比べ医師は半分、看護師も少なかったが、拘束はゼロだった。ならば松沢にできないわけはない。ただ、自分は方針を示しただけで、看護師たちの取り組みがすべてだ。

――身体拘束を1日に130人以上に実施していた現場からの反発は強かったのでは。

看護師には患者の安全を守るためには身体拘束が必要という、長年すり込まれた固定観念があった。だから当初は無理に決まっていると思ったようだが、本音では拘束などしたくないというスタッフが大半だったのだろう。転倒など何か事故が起きたとしても、その責任は現場ではなく、院長ら管理者が負うとはっきりさせたことで現場も躊躇なく取り組み、一気に進んだ。

――家族の理解は？

入院時に拘束をしないことと、そのリスクをしっかり説明したうえ、情報開示も徹底するようになった。家族との面会も病棟内で行えるし、拘束率や転倒率などのデータはＨＰ上ですべて公開している。

――民間医療機関の要請を断らない方針も掲げました。

処遇困難な患者や身体合併症の患者など難しい患者を、当院よりずっとスタッフの少ない病院に押し付けておいて、拘束の最小化などといっても説得力がない。多額の税金が投入されている都立病院だけになおさらだ。

――救急入院時の拘束と点滴治療も見直しました。

拘束に頼らないためには、今まで以上に患者との信頼関係が欠かせない。有無を言わせず薬で鎮静させるような治療では、それは難しい。救急入院を減らすには、何かあったら松沢へ行こうと患者が思ってくれることが必要で、入院体験をトラウマにしてはそれが成り立たない。

――松沢病院では100年以上前に、当時の呉秀三院長が拘束を廃止したことがあります。

今当院が取り組んでいる課題は、当時とうり二つ。精神疾患に対する私たちの恐れや偏見は決して過去のものではない。偏見こそが、目に見えない最大の拘束具で、払拭されなければならない。

齋藤正彦（さいとう・まさひこ）
1980年東京大学医学部卒業、同附属病院で研修後、松沢病院で勤務。和光病院院長などを経て、2012年から現職。

【週刊東洋経済】

本書は、東洋経済新報社『週刊東洋経済』2020年2月15日号より抜粋、加筆修正のうえ制作しています。この記事が完全収録された底本をはじめ、雑誌バックナンバーは小社ホームページからもお求めいただけます。

小社では、『週刊東洋経済eビジネス新書』シリーズをはじめ、このほかにも多数の電子書籍ラインナップをそろえております。ぜひストアにて「東洋経済」で検索してみてください。

『週刊東洋経済eビジネス新書』シリーズ

No.314　お金の教科書
No.315　銀行員の岐路
No.316　中国が仕掛ける大学バトル
No.317　沸騰！再開発最前線
No.318　ソニーに学べ

No.319　老後資金の設計書
No.320　子ども本位の中高一貫校選び
No.321　定年後も稼ぐ力
No.322　ハワイvs.沖縄　リゾートの条件
No.323　相続の最新ルール
No.324　お墓とお寺のイロハ
No.325　マネー殺到！　期待のベンチャー
No.326　かんぽの闇　保険・投信の落とし穴
No.327　中国　危うい超大国
No.328　子どもの命を守る
No.329　読解力を鍛える
No.330　決算書&ファイナンス入門
No.331　介護大全
No.332　ビジネスに効く健康法

No.333　新幹線 vs. エアライン
No.334　日本史における天皇
No.335　EC覇権バトル
No.336　検証！ NHKの正体
No.337　強い理系大学
No.338　世界史&宗教のツボ
No.339　MARCH大解剖
No.340　病院が壊れる
No.341　就職氷河期を救え！
No.342　衝撃！ 住めない街

週刊東洋経済eビジネス新書　No.343
クスリの罠・医療の闇

【本誌（底本）】
編集局　長谷川　隆、井艸恵美、風間直樹
デザイン　杉山未記
進行管理　三隅多香子
発行日　２０２０年２月１５日

【電子版】
編集制作　塚田由紀夫、長谷川　隆
デザイン　大村善久
制作協力　丸井工文社
発行日　２０２０年１０月１２日　Ver.1

発行所　〒103-8345
東京都中央区日本橋本石町1-2-1
東洋経済新報社
電話　東洋経済コールセンター
03（6386）1040
https://toyokeizai.net/
発行人　駒橋憲一
©Toyo Keizai, Inc., 2020

電子書籍化に際しては、仕様上の都合などにより適宜編集を加えています。登場人物に関する情報、価格、為替レートなどは、特に記載のない限り底本編集当時のものです。一部の漢字を簡易慣用字体やかなで表記している場合があります。本書は縦書きでレイアウトしています。ご覧になる機種により表示に差が生じることがあります。

本書に掲載している記事、写真、図表、データ等は、著作権法や不正競争防止法をはじめとする各種法律で保護されています。当社の許諾を得ることなく、本誌の全部または一部を、複製、翻案、公衆送信する等の利用はできません。

もしこれらに違反した場合、たとえそれが軽微な利用であったとしても、当社の利益を不当に害する行為として損害賠償その他の法的措置を講ずることがありますのでご注意ください。本誌の利用をご希望の場合は、事前に当社（TEL：03-6386-1040もしくは当社ホームページの「転載申請入力フォーム」）までお問い合わせください。

※本刊行物は、電子書籍版に基づいてプリントオンデマンド版として作成されたものです。